龍がいるから大丈夫

龍神の後押しが
発動する41の方法

大杉 日香理
Ohsugi Hikari

廣済堂出版

はじめに
龍と一緒に、新たな時代の波を乗りこなして願いを叶えよう

いま、龍とあなたが新しい関係を築くタイミングが訪れています。

龍は、待っています。龍と一緒に成長して願いを叶えるために、あなたが、アプローチしてくれるのを。


あなたは、こう思うかもしれません。

「龍とつながりたいとは思うけれど、平凡な私には無理」

「能力がないから、龍の存在を感じられなかった」

「龍って、怖い存在じゃないの？」

それらは、すべて誤解です。

新たな時代に入り、龍と私たちの距離はますます近づいています。

いままでの誤解を解いて、これから始まる新たな時代に合った方法で龍とつ

ながり、願いを叶えましょう。

その方法をお伝えするために、この本をあなたにお届けします。

私は、2016年に『「龍使い」になれる本』(サンマーク出版)を上梓《じょうし》し、「龍の時代」が始まったことをお伝えしました。

当時に比べて、いま、龍の存在は多くの方に受け入れられています。

あなたもきっと、龍に興味をもち、その距離を縮めたいと思って、この本を手に取ってくださったことでしょう。

この状況を一番喜んでいるのは、他でもない龍たちです。

人間を後押ししたいと望んでいる多くの龍が、私たちとコミュニケーションを取るのを楽しみにしています。ところが先ほどお話ししたように、人間側の龍との関わり方は、時代に合わせてアップデートされているとは言えません。

ほんとうはもっと気軽に、もっと積極的に、龍とかかわっていいのです。

実は、龍からの後押しはいままでもたくさん届いていて、私たちは無意識に、その後押しを使ってこれまで生きてきました。

「そうかなあ」と思うかもしれませんが、あなたが無事に暮らし、この本を手に取ったこと自体、龍の後押しに他なりません。

これから、私たちが龍の存在を意識して使っていけば、望む現実をつくっていくために、もっと多くのサポートが得られます。

しかし残念なことに、人間のほうでは龍を怖れたり、逆に、自分は何も努力しなくてもタナボタ式に幸運をもたらしてくれる存在だと、勘違いしたりしています。

ですから龍たちは「もっと人間に、自分たちとのつきあい方を知ってもらい、この力を使って欲しい」と、私にさまざまなメッセージを送ってきています。

龍から託された情報については本文でくわしくお話ししますが、龍が真っ先に伝えたいと思っていることをまずお教えしましょう。


それは、**「あなたは、ほんとうはいつでも運がいい」**ということです。

「いままでがんばってきたのに、結果が出てないんだけど」

「いくら努力しても、現実は変わらなかったけど」

あなたは、そう思うでしょうか。

でも、もしそうだとしたら、努力の方向性がほんの少しずれていただけ。

あなたが悪かったわけでも、がんばりが足りなかったわけでもありません。

きっといままで、あなたは自分なりにコツコツ努力してきたはずです。

それを自分自身で認めて、ズレを修正し、龍の応援を得る方法を知れば、現実は、猛スピードで変わり始めます。


驚くような方法で運をガラッと変えるのは、龍の得意技ですから、自分の置かれた環境がみるみるうちに変わっていくのをきっと体験できるでしょう。


いま運気の波は、これまでにないほど大きくなり、変化のスピードはどんどん早くなっています。

その変化に対応できるかどうかで、寄せてくる時代の荒波をゆうゆうと乗りこなせるのか、あるいは、波に振り回されてしまうのかが決まります。

といっても、あわてたり心配したりしなくても大丈夫。

運気をつくるプロフェッショナルである龍が、いつでもあなたのそばにいます。それも数年前よりずっと近くに。


いまが、龍とつながり、ともに願いを叶えるチャンスです。


できるところからでかまいません。これからお伝えする情報を、どうぞ毎日にいかしてください。時代があなたに味方します。

あなたが生まれもってきた強みと、自信がよみがえります。

これからやってくる変革の時代を、あなたらしく意気揚々と進んでいくために、この本がきっとお役に立てるでしょう。

大杉日香理

龍がいるから大丈夫　目次

CHAPTER 1

龍について知る5の方法
龍はいつもあなたに寄り添い、後押しをしてくれる

CHAPTER 2

龍を感じる10の方法
幸せの使者・龍を身近に思う日々の習慣

CHAPTER 3

龍とつながる7の方法
神社に行って、龍から愛される人になる

CHAPTER 4

龍を味方にする10の方法

「龍の力」を借りると、運気の流れに乗れる

CHAPTER 5

「龍神思考」を身につける9の方法
龍たちが教えてくれたピンチをチャンスに変える考え方

龍おみくじ

龍のことを思いながら心を静め、本書をパラパラとめくり、パッとページを開いてみてください。今日のあなたの運勢がわかります。（開いたページに下の龍の絵がなかった場合は、もう一度開いてください）

大吉→龍からのサポートがたくさんきています。今日はチャレンジの日！　行動すればするほど、龍の後押しが発動します。

中吉→今日はあなたにちょうどよい後押しがきているニュートラルな一日。平常心で身近な幸せを数えてみましょう。今後のトライによって、龍のサポートが増えていきます。

小吉→今は次の後押しへの準備期間。目の前のことを丁寧にやり、落ち着いて取捨選択していけば、運がどんどん開けていくでしょう。

CHAPTER 1

龍について知る5の方法

龍はいつもあなたに寄り添い、
後押しをしてくれる

龍は「自然の流れ」そのもの

私たちは、龍の存在を感じ取れる感性をもっています

「龍って、ほんとうにいるの？」「どんな存在なの？」

まず、その質問にお答えするところから始めましょう。

結論を先に言うと、**龍はほんとうに存在します。**

私たちのまわりにはさまざまな種類の龍が数多くいて、それぞれに水や天候、風など自然界に存在する流れを司《つかさど》って、地球を守る役目をになっています。

その一方で、龍はこれまで、川の氾濫《はんらん》や大雨などの災害をもたらすとも言われてきました。しかし、真実は違います。龍たちは、大きな災害が小規模で済むように、地球のエネルギーを調整してくれているのです。

もっと言えば、龍（流）は「流れそのもの」だと捉えることもできます。

日本人は古くから、自然界にある「流れ」を司る龍の存在を感じ取ってきました。

現代人からすれば「目に見えないものは存在しない」という見解が一般的です。しかし歴史をさかのぼると、日本人の感性は、龍をはじめとする「見えないもの」の存在を、自然の中に敏感にキャッチしてきたのです。

それはなぜか。いにしえの人たちにとって自然の存在はいま以上に大きく、その流れを読み解くことは命にかかわることだったからです。

たとえば、台風や嵐がきたり日照りが続いたりすると、作物は育ちません。天候は食料事情に直結するので、天気の流れは、いま以上に差し迫った大問題でした。

また、大雨で川が氾濫すれば、家も田畑も流されます。雲の動きや気温の推移などを読み解けなければ、命の危険にかかわりました。

ですから、私たちの先祖は自分の五感や過去のデータを総動員して、生き延びてきたのです。

そのような環境でおのずと感性が磨かれ、自然の流れを司る龍の存在が「龍神」として信仰されるようになっていきました。お寺や神社などにある龍の絵や彫刻は、龍の存在を人間が感じ取って描いたものです。

しかし近代化にともなって、自然の変化が人間の命に影響を及ぼすことは、昔とは比べものにならないくらい減りました。それにつれて、私たちの五感も次第に鈍り、見えない存在は「ない」ことになっていきました。

それも時代の流れに沿った変化です。現状を否定するわけではありません。

ただ、**現代に生きる私たちも、先人たちがそうしてきたように、龍の存在をキャッチする感性をもっていることを思い出す時がきています。**

「そうか、自分にはその感性があるんだ!」と気づくだけで、龍たちとつながる準備ができます。いまはまだ自信がなくても大丈夫です。これまでは、龍の存在をキャッチする感性を使ってこなかっただけですから、今後磨いていけば、その感度は必ず上がっていきます。

そうすれば、彼らの応援を得て、自分の力を発揮できるようになるのです。

それができるのは、特別な才能をもった人だけではありません。

意識さえ向ければ、あなたも龍の存在を感じ取れます。

そして龍たちは、そんなあなたの存在にすぐ気づきます。

そのために、CHAPTER1では龍がどんな存在かを知り、新しい関係を築くための準備を始めましょう。

龍は人生の流れを発展へと導いてくれる

私たちの繁栄は、そのまま龍の繁栄につながります

龍が司るのは、自然の流れだけではありません。私たちの運気の流れも司ります。

龍は、さまざまな神様との縁や人間同士の縁、情報、出来事などあらゆる縁をつなげてくれます。彼らは、運の流れを届けてくれる「宅配便屋さん」のような存在だと思ってください。

龍には、時空を自由自在に移動できる性質があります。

その特徴をいかして、私たちにさまざまな縁やチャンスを運び、人生が発展していくように後押しするのが、龍の役割であり、もっとも得意とするところなのです。

龍の後押しを得ると、日々の充実感が増し、目標や願いの現実化が早くなります。また、自分ひとりでいくらがんばってもつなげなかった縁が、つながり始めます。そして、「これってほんとう⁉」と言いたくなるような出会いや活躍の場がやってきます。

あまりにスピード感が違うので、必死で漕《こ》いでいた自転車が、突然ジェット機に変わったような感覚を覚える人も少なくありません。

なぜ、龍が私たちをそんなふうにサポートしてくれるのだと思いますか?

それは、**人間と龍が共存共栄していく間柄であり、ともに協力し合う関係にあるから**です。

先ほど、龍は地球を守る存在だとお話ししました。

人智を超えた力をもつ龍ですが、この地球上で現実的に物事を動かしていくことはできません。それができるのは彼らではなく、私たち人間です。

私たちが成長し、その人生がよりよく変わっていけば、地球全体が発展していきます。人間の世界と龍の世界はお互いに影響を与え合っているので、地球の繁栄は、そのまま龍たちの繁栄にもつながります。

ただし「いいことないかなあ」と漠然と考えて待っているだけで、龍が幸運をもたらしてくれるわけではありません。また、龍に必死で祈ったり神社に参拝したりするだけで、その後押しがいかせるわけでもありません。

もちろん、龍に意識を向けてつながろうと意図することはとても大事です。

しかしそれは、「ファーストステップ」にすぎません。

龍から力を貸して欲しいのなら、まずは毎日の中で、自分の力である「自力」を発揮していく必要があります。そうすると、龍の後押しという「他力」がやってきて、現実が変わり始めるのです。

「自力を発揮するなんて大変そう」と思うかもしれませんが、誰もがすばらしい自力をもっています。また、特別なことをしなくても、日常の中でその自力を発揮していけます。

自力の使い方や自分自身の強みを発見する発見法は、CHAPTER2以降でくわしくお話ししていきましょう。日常で簡単に実践できることばかりなので、きっと楽しく取り組んでいただけるはずです。

ここでは、あなたが自分自身で人生をよい方向へ変えていけること、そして、それが龍に対する後押しになることを理解してください。そうすると、「私はこれでいいんだ」「私にもできるんだ」という安心感が生まれます。その安心感の中で、あなたの強みや才能が花開いていくのです。

龍は人間の祈りが「力」になる

あなた自身が、龍を応援することができます

人間が、龍に対して貢献できることが、もうひとつあります。

それは、**思いや祈りを日々、龍に向けること**です。

たとえば、あなたが龍に向かって「今日もよろしくね」と声をかけたり、「いつも守ってくれてありがとう」と祈ったとします。すると、それがそのまま、彼らの「ごはん」になるのです。

特に、**神社での祈りは龍にとって特別な「ごちそう」です。**

聖域である神社には龍が多くいます。また、私たちの祈りも届きやすくなります。ですから、神社で龍に対してがっつりお祈りすると、龍にとってはフルコース料理になります。

龍の存在が間近で感じられなくてもかまいません。また、祈りは心の中で語りかけるだけで大丈夫です。龍を自分なりにイメージして意識を向ければ、私たちが発した思いや祈りは確実に届き、彼らの力になるのです。

しかし、私たちも毎日フルコースだと、飽きてしまいますよね。

それは龍も同じで、神社でいつも真剣に祈られてばかりだと、ちょっと食傷気味になってしまいます。

では、何がもっとうれしい食事になるでしょうか。

それは**「日常での祈り」**です。

目標に向かって日々試行錯誤し努力している人が、日常の中で「私もがんばってるよ。龍もがんばってね」「私を見守っていてね」と、ふと意識を向けると、龍にとっては、それは炊きたてのほかほかごはんが出てきたようなものです。

ふっくらしたつやつやのごはんは、毎日食べても飽きませんね。

龍たちが基本的に欲しいと思っているのも、フルコースの豪華な料理より毎日のごはんなのです。

龍は、フレンドリーに接してもらいたいと思っていますから、祈る時には「今日も一緒にがんばろう。私も応援してるよ」と、気楽に話しかけてみましょう。

すると「お、ごはんがきたぞ。よし、力が出た！」と喜び、張り切って後押しを送ってくれます。龍のことを思い出し感謝するたびに、ＬＩＮＥ交換できるようなものだと思ってください。

そうやって、日々祈りを届けていくと、自然に龍との距離が縮まり、願いも叶いやすくなっていきます。

そのしくみをお教えしましょう。とてもシンプルな4ステップです。

①人間が龍に対して、「一緒にがんばろう」「いつもありがとう」と、ふだんから思いをはせる。

②龍がその思い（日々のごはんやフルコース）を食べて、「おいしいなあ」「うれしいなあ」と充足感を得る。

③龍は人間に感謝し、思いを受け取ったからには、お返しがしたいと考える。

④お礼として、龍からの後押しがばんばんやってきて、人間にはチャンスや出会いが次々に起こり始める。

その後押しを受け取った人間はチャンスをつかみ、「ありがとう！」と感謝して、また①に戻る。その後、②以降に続く……。

このプロセスがどんどん循環し、運気上昇のサイクルがまわっていくというしくみです。

そのような循環がまわり始めると、人間も成長し、感謝や行動の質が変わってきます。つまり龍に渡せるごはんのクオリティが次第に高くなっていきます。

当然、龍の後押しもどんどん強く、またスケールの大きいものになり、さらに人間が成長し、うずまきが上昇するように人生が発展していきます。

それが、**「龍神スパイラル」と呼ばれる運気上昇のサイクル**です。

このサイクルは、自分に影響を及ぼすだけではありません。龍と協働して、周囲や世の中、ひいては地球全体をよくしていくことにつながっていきます。

そのサイクルを最初にまわすのが、「ふだんの生活の中で龍に意識を向ける」というとても簡単なことなのです。

「人間の思いが、どれだけ自分たちの力になっているかを知ってほしい」と、龍はいつも願っています。人間だからこそ、龍たちに対してできる貢献があるのです。

ぜひ今日から、彼らに祈りや感謝というエールを送ってみてください。

龍はあなたの成長を後押しする

「チャンス」という名の課題に取り組みましょう

私たちは誰もが、自分で自分の道を切り開く力をもっています。

しかし人間がどんなにがんばっても、またどんなに強く願っても、自分ひとりでできる範囲には、残念ながら限界があります。

そんな時、そのひたむきな姿を見て、「じゃあ、応援しよう」と、上昇気流に乗せてくれるのが、運気の専門家である龍たちです。

龍はあなたを励まし、成長へと導くコーチだと思ってください。

あくまでも「コーチ」ですから、実際にプレイするのはあなた自身です。

龍は、あなたが「この分野で結果を出したい」「こんなふうに変わりたい」と望んだ時に、その希望を叶えるために、チャンスという名の「課題」をくれます。

具体的には、自分にとってはチャレンジになるような頼まれごとをしたり、ちょっと緊張するような集まりに呼ばれたり、「少し背伸びしてがんばらなければ」と思うような仕事に取り組むことになったり……。

それらをひとつずつこなしていくことが、結果的に成長や変化につながり、願いを叶えるプロセスになっていきます。そして、その場面や状況をアレンジしてくれるのが、龍なのです。

ただし、「人生が全般的によくなるといいなあ」とか「幸運になれればラッキー」といった「おまかせ体質」では、龍もどうやってサポートしていいかわかりません。

ですから、**まずは「自分がどう変わりたいのか」「どんなふうに成長したいのか」を考えてみてください。**

人間界のコーチには、ビジネスやスポーツなど、それぞれに専門性があります。

龍も同じで、あなたがどんな資質を伸ばしたいのか、あるいは、どんな目標を叶えたいのかによって、どの龍がサポートするかが決まります。

また、あなたがやりたいと思っていることの規模やレベル感で、どのくらいの力をもった龍がコーチになるのかが決まってきます。

たとえば、テニスを教わる時に、あなたがラケットももったことのない初心者でテニスを楽しむことが目的なのか、それとも、世界の第一線で活躍したいと考えているプロ選手なのかで、どんなコーチがつくかは変わりますね。それと同じです。

誤解のないように言うと、両者に上下関係があるわけではありません。

あなたがどんな立場や状況にいたとしても、あるいは、どんな資質をもっていたとしても、その人が望み通りに成長でき、達成感を味わって周囲に貢献できるよう、龍は導いてくれます。

「とりたてて特技のない私には、何も資質がない」

と引け目を感じたとしたら、それは勘違いです。何の資質もない人は、この世にひとりもいませんから。

もしいま、自分の希望や資質がはっきりわからなくても、まったく問題ありません。

龍は名コーチですから、あなたが自分自身の願いや能力、才能に気づけるよう、惜しみなくサポートしてくれます。

龍はいつもあなたの味方でいてくれる

龍があなたを見放すことはありません

ここまで読んできて、龍という存在について新たな発見があったでしょうか？

私はこれまで、著書の中で「スポーツ選手を叱咤激励《しったげきれい》するコーチのように、龍は一定の厳しさをもって人間を導き、後押しする」と書いてきました。

厳しさの中にも、その人の性質や状況に合わせて、臨機応変に対応してくれるという柔軟性はありましたが、どちらかと言えば、いままでは「がんばって、ついてこい！」とスパルタ指導をするのが龍のスタイルだったのです。

しかし本格的な龍の時代を迎えて、彼らのあり方が少しずつ変わっています。どのように変わったかというと、一言で言えば、優しくなりました。

龍はいま、私たちが落ち込んでいる時は励まし、不安な時は「大丈夫だよ」と支えてくれます。人間がもし間違っても、「そういうこともあるよね」とたしなめて、正しい方向に進めるように導いてくれます。

もちろん、いままでそうだったように、自力を発揮して努力する人や気持ちの切り替えをして成長しようとする人が、結果を出しやすいことに変わりはありません。

しかし、生きていれば誰だって、時には「もうダメだ」とあきらめモードになったり、疲れて「ぐうたらしたい」と思ったりすることはあります。また、判断を間違ったり、感情に振りまわされたりすることもしょっちゅうです。

そんな時も、龍は大らかな目で私たちを見守り、その成長をうながしてくれます。ですから、**安心して龍とつながっていっていい**のです。

ところが、こんな心配をされる方がいらっしゃいます。

「自分は、いつまでも未熟だから、龍から見放されるのではないか」

「努力が足りないから、龍が味方してくれない」

「私は、波動が低いから、龍とつながれないのかも」

このように、あなたが自分のいたらなさや欠点が原因で、龍のサポートが得られないと悩んでいるとしたら杞憂《きゆう》です。もっと気楽に考えましょう！

完璧な人はひとりもいないと龍は知っています。

完璧でなければ後押ししてもらえないということは一切ありません。

さらに言えば、波動は、体調やその時の感情、置かれた環境などで、一日何回も変わります。

龍に好かれる人は、「成長しようと覚悟を決めた人すべて」です。

努力が足りなくても、「ダメな自分」でも、欠点や短所があっても問題ありません。生きていれば、イライラしたり、クヨクヨしたりすることは誰にでもありますから、ネガティブな感情をもっていてもOKです。

反対に、龍に嫌われる人の特徴は、たったひとつしかありません。

「他人の足を引っぱろうとする人」です。

心の中で嫉妬心やうらやましさを感じるのは、人間なら誰でもあることなのでかまいません。

しかしその気持ちを行動に移した時、龍は遠ざかってしまいます。

それは、その人が本当に嫌いになるからではなく、後押しをしても現状では成長するのはむずかしいと考えるからです。もちろん、本人が「これではいけない」と気づき変わろうとし始めれば、龍はまた戻って手助けしてくれます。

このように見ていくと、龍から見放されることが、いかに「レアケース」かがわかるのではないでしょうか。

繰り返しますが、龍と私たち人間は、ともに協力し合って成長していく関係です。そういう意味では、龍と人間の関係は、親子や上司と部下の関係に似ていると言っていいでしょう。

あなたが成長すれば、コーチについた龍も成長し、その格やパワーが上がります。育てる側も育てられる側も、ともに成長していけるのです。

では、あなたをコーチしてくれる龍とつながり協働していくために、必要なことは何でしょう？

それは、まず**「感じる力」＝「感知力」を育《はぐく》むこと**です。

龍からのサインやメッセージ、龍が送ってくれるチャンスを感じ取れなければ、せっかくの後押しがいかせないからです。

CHAPTER2では、感知力について具体的にお話ししていきましょう。

CHAPTER 2

龍を感じる10の方法

幸せの使者・
龍を身近に思う日々の習慣

龍からのサインをキャッチしよう

チャンスがくる前に「心の準備」をしておきましょう

たとえば、龍の形をした雲（龍雲）や、淡い虹色がかった彩雲を見る。レシートや車のナンバープレート、時計表示などで同じ数字が並ぶ「ゾロ目」や、龍を表す数字である「8」を何度も見る、あるいは、物事がスイスイ進むようになる……。こんなことはありませんか？

これらの出来事は、**「自分たちの存在に気づいて欲しい」という龍からのサイン**だと思ってください。

他にも、龍がサインを送るタイミングがあります。

龍は、私たちにチャンスを与える前に、「これから、あなたにチャンスがやってくるよ」とサインを通して教えてくれるのです。

なぜかというと、龍がくれるチャンスは、私たちにとって「少しだけ荷が重い課題」だからです。

なので、「もうすぐ、あなたが望んだ未来に対してチャンスという〝課題〟を出すから、それをやるかどうか自分で意思決定してね」と、心構えするようにうながしてくれるというわけです。

勇気を出してその課題をこなせば、時間がショートカットされ、次の展開が早く始まります。

でもそんな時、私たち人間には、「私にできるのかな」「やっぱり怖いな」という葛藤や不安も当然生まれるものです。

だから、何が起きてもアタフタせず心を決められるように、「事前予告」として、サインを出してくれるのです。

もし、**龍からのサインに気づいたら、まず「もうすぐチャンスがくるな」と心の準備をしましょう。**

そして、いつも以上にアンテナを張り、日常会話やふと目にする情報に意識を向け、やってくるオファーや割り振られる仕事、遊びやイベントの誘いなどに敏感になっておきましょう。

そうすると、誰かからハッとする言葉を言われたり、同じ情報を何度も聞いたり、または、大きな出会いが突然あったりして、新たな気づきや展開のきっかけになっていくでしょう。

しかし、サインがどんどんやってきているのに、見事にスルーしている方が時々いらっしゃいます。

自分では「龍のサインをキャッチしたい」と思っているにもかかわらず、闘牛士が赤いマントをヒラリとひるがえして牛をかわすように、無意識のうちにサインを見逃しているのです。

その理由は、感知力が鈍っているからです。

龍は優しいので、たとえ見逃しが続いても、「心の準備、よろしくね」という思いを込めて、ボールを何回も投げてくれます。

ただし、サインを見逃してばかりいると、「そうか、いまはタイミングじゃないんだな」と考えるので、次第にチャンスがくるのが遅くなってしまいます。

ですから、**龍のサインをきちんと受け取って意思決定していくために感知力を磨き、そのボールをしっかり受け取れるようにしておきましょう。**

そうすれば、チャンスをつかみ損ねることなく、上昇気流の運気にサッと飛び乗れます。

誤解のないように言うと、龍は「いいことが起きるかも！」とウキウキして欲しくて、サインを出すのではありません。

もちろん、龍からのサインをキャッチしたり、その存在を間近で感じられたりしたらうれしいですよね。喜んではいけないと言っているのではありません。しかし、**龍とつながる目的は、自分自身をさらに輝かせて人生をよりよい方向に発展させていくことです。**「私ってすごい！」と悦に入ったり、人に自慢したりするためではありません。

その目的を忘れず、感知力をアップさせ、日常の中で龍から送られてくるボールを受け取っていきましょう。

龍の形をした龍雲は、変化の兆《きざ》し

雲を観察することには、一石何鳥もの効用があります

龍が宿る龍雲は、変化の兆しであり、また、チャンスやラッキーなことがやってくるサインです。

ですから、龍雲を見たら「龍がいる！」「龍雲だ！」と喜んでいいのですが、じつはそれだけで終わらせてしまうのは、とてももったいないのです。

また逆に、「龍雲が見えないから、私はついてない」とがっかりする必要もないのです。

なぜかと言うと、**「雲を見上げる行為そのもの」に、龍神とつながりやすくなるためのいくつもの効用があるから**です。ひとつずつお話ししていきましょう。

①雲を見上げると視点が変わり、思考の切り換えになる

いつも同じ景色を見ていると、必然的に思考もこり固まってしまいます。

でも空を見上げると視界が変わり、見える景色もガラッと変わります。

視覚からの刺激が変化することで、思考も切り替わり、アイデアや問題解決のヒントがひらめきやすくなります。

また、大空に浮かぶ雲を眺めている時、私たちは無意識のうちに雄大な自然を感じ取っています。それがたとえ短い時間であっても、瞑想しているのと似たような意識状態になり、通常の時間感覚から離れることができます。するど、頭の中で日常的に繰り広げている忙しい思考が鎮《しず》まり、その代わりに創造性が高まるのです。

②姿勢が正され、ポジティブな感情になれる

心の状態と姿勢には相関関係があると言われ、空を見上げると上体が反《そ》って胸が開き、自然にポジティブな気持ちになれる効果が期待できます。

落ち込んでうつむきがちに歩いていると、気分がさらにふさぎますが、ふと大きな空を見上げれば、自動的に感情の切り替えもできるのです。

③童心に帰って、リフレッシュできる

子どもの頃、雲の形を見て、動物や食べ物にたとえた経験が誰にでもあると思います。空を見て、龍雲が出ていないかと探す時間は、そんな子ども時代の無邪気な自分に帰れる時間です。ほんの数十秒であっても心が若返って気分の

切り換えができ、「また、がんばろう」と思えます。

④自然を意識する感覚が養え、洞察力や観察力が育まれる

雲は、空に浮かんでいる「気流の表れ」です。ですから、雲を見ることは、「流れ」や自然を意識することにつながります。また、雲の形や色、流れる速さや方向を見続けていると、いつもは気づかない空の変化をキャッチできるようになり、気象や季節の変化に気づきやすくなります。その積み重ねが、洞察力や観察力、そして感知力を磨き、日常の人間関係や仕事で役立ちます。

⑤龍があなたのことを認識してくれる

龍はいつも、応援できる人はいないか探しています。真っ先に応援したいのは、自分たちに意識を向けてくれる人です。彼らは、あなたが龍を思いながら雲を見る姿を見て、「自分に関心をもってくれている」と喜び、あなたという存在がいることを認識してくれるようになります。

このように、**空を見上げる時間は、ただそれだけで、たくさんの豊かさをもたらしてくれるのです。**

感じる力を磨けば、大きな変化が現れる

あなたの感覚は、麻痺《まひ》していませんか？

感知力を磨くと、龍とつながってチャンスをつかみやすくなるだけではありません。人間関係や仕事の上でも、大きな変化が現れます。

洞察力や判断力、コミュニケーション力も磨かれ、周囲のちょっとした変化にいち早く気づいて、対処できるようになるのです。また、自分自身の変化にも気づきやすくなります。

しかしいま、私たちはこの感知力がとても弱っています。

正確に言えば、麻痺していると言っていいでしょう。

たとえば、誰かに肩をもんでもらって、「わあ、肩がガチガチだよ。かなりこってるね」と言われても、自分では「え、そう?」と、まったく自覚がなかったという経験はありませんか?

そういう時はたいてい忙しくて、体を酷使している時期だったりするものです。本来やわらかいはずの肩の筋肉が固くなるまでがんばっているのに、それを感じないくらい、センサーが完全に麻痺してしまっているのですね。

そうなると、龍のサインをキャッチするどころではありません。心や体の感覚が正常に働かなくなり、自分の状態も周囲の状況もきちんと把握できなくなります。

たとえば、あなたが目標に向かって必死に努力していて、本当はもう100％努力しきっている状態かもしれないのに、感覚が麻痺していたらどうなるでしょう。

「私は、まだ60％しかできていない。全然努力が足りない！」とがんばり続けてオーバーワークになり、心も体もボロボロになってしまいます。

しかもその努力が空回りしてしまう。そんな状況になりかねません。

真面目な人ほどがんばりすぎて、そうなりがちです。

「私のことかも……」と心当たりがあるなら、余裕をもつことを意識しましょう。

本来であれば、自分の五感を丁寧に感じることを意識していれば、感知力は磨かれていきます。これまで使われてこなかっただけで、誰もがみな感知力をもっているのですから。

しかし、感覚が麻痺している状態で、いくら五感を研ぎ澄まそうとしてもなかなかうまくいきません。

ですから、**まずは日常で余裕をもつことを意識して、心と体をニュートラルな状態に整えていく必要がある**のです。

そうすれば、自分やまわりの状況が少しずつわかるようになり、いままで見えていなかったものが見えるようになります。また耳に入ってこなかった情報も拾えるようになります。

つまり、自然に五感が繊細になり、視界や体感が変わって、感知力がどんどん上がっていくのです。

その時はじめて、龍が送ってくるサインやチャンスに気づきやすくなり、体力や気力も充実してきて、ベストパフォーマンスが出せるようになっていくでしょう。

では、余裕を取り戻して、感知力を育てていくにはどうしたらいいのか。これから、具体的にお話ししていきましょう。

龍の存在を感じたいなら、気合いは不要！

体をゆるめると、短時間で余裕が生まれます

あなたはいま、「よし、これから龍からのサインを絶対に受け取るぞ！」「龍の存在を感じるんだ！」と、気合いを入れすぎてはいませんか？

それではサインをキャッチしにくくなるので、まずリラックスしましょう。

肩に力が入ると、自然に呼吸が浅くなります。

当然、本来やるべきことにも身が入りません。また視野が狭くなるので、たとえ龍がサインを送っていたとしても、それに気づくことができません。

そういう意味でも、**龍とつながりたいと思うなら、心身ともにゆったりと過ごして余裕をもっていることが大切**です。

しかし、目の前にはやるべきことがたくさんあって慌《あわ》ただしい毎日ですから、いくら心の中で「余裕をもとう」と意識しても、むずかしいですね。

そこで体から物理的にアプローチして、短い時間でエネルギーを変える方法をお教えしましょう。

やり方はふたつあります。

ひとつめは、**簡単な動作で肩の力を抜く方法**です。

まず、両肩を耳のあたりまでグーッと持ち上げましょう。その後、肩をストンと落とします。

これを、2、3回繰り返してみてください。首まわりや肩の筋肉が、少しゆるむのではないでしょうか。

さらに何度か続けるうちに、次第に疲れてきて、最後には、肩を落としたときに完全に脱力しているはずです。その状態になれば自然に肩の力が抜けて、リラックスできます。

コツは、両肩を上げるときに息を止めないこと。

そして、前かがみにならず、背中を意識して肩を動かすことです。

むずかしいヨガのポーズをとったり、長時間瞑想したりしなくても、ほんの数十秒で体をゆるませることができるので、仕事中などにもぜひ試してみてください。

もうひとつ、**呼吸を使う方法**もあります。

おへその下あたりに手を当て、お腹をへこませながら、息をフーッと吐き切ってください。

鼻と口、どちらから吐いてもかまいません。「これ以上は無理」と思うところまで吐き切るのがポイントです。

吐き切ったあとは、自然に空気が入ってくるので、そのまま息を吸い、一拍おいてまた吐き切ります。

これを2、3回繰り返せば、いつの間にか体の力が抜けているはずです。

どちらの動きも、呼吸や血流、リンパの流れをよくします。

龍は「流れ」に宿《やど》るので、体内の物理的な流れがよくなれば、龍のエネルギーと波長が合い、その存在を感じやすくなります。それだけでなく、龍に応援されやすくなっていきます。

両方ともその場ですぐでき、どんなに忙しくても、自分自身で余裕を生むことができます。

その余裕がやる気を取り戻し、龍に応援されながら、次のよい展開を生む土台になっていくのです。

余裕をもつために、他力を借りる

「ある」ものを「ない」と決めつけていませんか？

余裕の大切さについて、もう少しお話ししていきましょう。

余裕がないと、ほんとうは「ある」ものが、「ないこと」になってしまう怖れがあります。「ある」のに「ない」とは、どういうことでしょう。

たとえばあなたが、「人は頼りにならないから、自分ががんばらなければ」と考え、いつもひとりできりきり舞いしていたとします。

でも実際は、まわりの誰かが「手伝ってあげたいな」と思って、あなたを見ているのかもしれません。あるいは、プロにお願いすれば簡単に済むことなのに、まだリサーチしていないだけかもしれません。

それなのに、「前にお願いして断られたから」「やれるのは自分しかいないから」と決めつけて、自分に負荷をかけ続けている。ほんとうは助けてくれる人手が「ある」のに、自分自身で「ないこと」にしている。こんなケースが多いのです。

しかし、依頼のやり方やタイミングを変えたら、誰かが手を貸してくれる可能性は十分あるでしょう。

自力を発揮することも大切ですが、自分ひとりの力ではどうしても限界があります。だから、**時には他力を借りる必要がある**のです。

他力には、龍の力はもちろん、人や物の力、場の力、土地の力など、あらゆる種類があります。「ある」という前提で探せば、他力はあふれていると言っていいでしょう。

でも余裕がなければ、その他力が「ないこと」になってしまうのです。

前項では、体からアプローチする方法をふたつお教えしましたが、もっと簡単な方法があります。それは**「寝ること」**です。

「え、そんな日常的なこと⁉」と侮《あなど》ってはいけません。

毎日のことだからこそ、睡眠はおろそかになりがちです。スマホやテレビを見過ぎて夜更かししたり、あるいは、仕事のために睡眠時間を削ったりして、常に寝不足という人は少なくありません。

極端な例ですが、経営者のAさんは、睡眠時間が平均2時間という日々が何年も続いたそうです。当時は自律神経が乱れていたため、深夜になるほど目が冴《さ》えてきて、自分が疲れていることにまったく気づかなかったとか。ところが、体力気力ともに限界までがんばっているのに結果がついてこない。それで、ますます働かねばとあせり、悪循環に陥《おちい》っていました。しかしある時、Aさんは「これではいけない」と一念発起し、睡眠時間を5時間以上とるようにしました。すると作業効率が上がっただけでなく感情的にも落ち着いてきて、業績も上がり始めました。いまでは業務を拡大して大躍進しています。

以前は、いつも神経が休まらず寝つけなかったのに、いまは自然に眠くなるようになったそうです。麻痺していた感覚が回復して、感知力が取り戻せてきた証拠です。

余裕をもつために生き方や考え方を変えるのは、すぐにはむずかしいかもしれません。でも、睡眠時間をしっかりとることなら、少し工夫すれば今夜からできますね。**こんな身近なことからでも余裕が生まれ、感知力は磨いていけるのです。**

一日15分自然を感じよう

身近な自然を愛《め》でると、龍も喜びます

余裕をもつためには、自然と触れ合う時間も大切です。

あなたには最近、自然をゆっくり感じる時間がありましたか？

もし、「近頃あまり自然の中へ出かけてないなあ」と思うなら、ぜひ機会をつくって、近くの山や川、海等へ出かけてみてください。

龍は、自然に宿ります。都会にも龍はいますが、やはり自然が大好きなので、大きな川や滝、森や林、高原、海岸などに多く存在するのです。その数は、あなたが想像する以上です。

人間が自然からエネルギーをもらって元気になるように、龍もまた自然から、自分が活動するためのエネルギーをもらっています。

大自然を感じながら「龍は、このあたりにいるのかな」「いつも守ってくれてありがとう」と、意識を向けてみましょう。彼らはその思いをキャッチし、「あ、この人は自分たちに関心があるんだ」と認識してくれます。たとえ、その姿が見えなくても思いは通じるので、「そこにいる」と思って意識を向けてみてください。

といっても、遠出する気力がないほど疲れていたり、忙しくて出かける時間がとれなかったりする場合もありますね。特に、龍に応援され始めると物事のスピードが速くなり、毎日が慌ただしくなりますから。

そんなときは**一日15分だけでいいので、身近な自然を感じるようにしてみてください。**

自然には、人の注意力を高める効果があり、自然に触れると脳疲労が軽減され、散漫になっていた注意力が正常な状態に戻るという研究結果が出ています。たった15分自然を感じるだけで、効果が得られるそうです。

たとえば、近所の公園や街路樹、道端の花、あるいは、風や空の様子など、都会でもたくさんの自然を感じられます。そんな自然に意識を向けましょう。

私たちはふだん考えごとをしてボーッと歩いたり、前方だけを見たりして歩きがちですが、「どこかに自然はないかな」と意識しながら歩くと、それまで気づかなかっただけでたくさんの自然に囲まれていることがわかるはずです。

「こんなところに街路樹があった」「ここに、かわいい花が咲いてる」などと観察しながら歩くこと自体、感知力を磨くチャンスになります。

ある研究では、人が脳で受け取っている情報は、実際にある情報の20万分の1だという結果が出ています。つまり、本当はたくさんの情報があるにもかかわらず、私たちは、自分が意識している分しか受け取れていないのです。

しかし「どこかに自然はないかな」と新たに意識するようになれば、それだけ、受け取れる情報が増えます。同時に、自然のパワーももらえます。

屋外だけではありません。部屋に飾ってある花や観葉植物にも、あるいは、窓から入ってくる風や差し込んでくる陽射しの中にも、自然を感じることはできます。

またそんな小さな自然にも、龍は宿ります。

龍は「自然そのもの」とも言えるので、ただ「きれいだなあ」と自然を愛《め》でるだけでも、とても喜びます。

そうやって、一日のうちでほんの少し自然を意識するだけで、自分の心と体を整え、龍とコミュニケーションするための準備ができるのです

心のコンディションを整えるコツ

感情は揺れて当たり前だということに気づきましょう

心を整えてニュートラルな状態に整えるために、感情に直接働きかける方法もあります。

「心を整える」というと、一見、ものごとに動じない状態や、常に穏やかでいられる状態がベストだと思うかもしれませんが、そうではありません。

心はメトロノームのように、常に揺れています。

感情は揺れて当たり前ですし、いつも穏やかな気分でなくてもいいのです。

それに、あらゆることを達観し、心がぶれない状態になると、いい意味でのハングリー精神がなくなり、変化やチャレンジを望まなくなってしまいます。

もちろん、そのような生き方が悪いわけではありませんし、何事も受け入れ、流れるままに平穏な日々を生きるのもひとつの理想です。

しかし、成長して願いを叶えたいのであれば、ある程度のハングリーさやチャレンジ精神は不可欠です。

また何かに感動したり、あるいは、喜びや怒り、悲しみを感じたりして、心が動かされるからこそ毎日が彩《いろど》られ、充実した人生になるのです。

では、心にとってベストな状態は何でしょう。

それは、喜怒哀楽を感じて心が揺れても、自発的にバランスをとって元に戻れる状態です。

あるいは、集中するべき時には一心不乱にがんばれる気力があり、反対に、リラックスするべき時は緊張をゆるめてくつろげる状態にあることです。

つまり、**自分の状況に合わせて、自分自身で感情をコントロールできる状態が理想のあり方**なのです。

メトロノームの振り子はどれほど大きく振れても、必ず元に戻りますね。

まさに、あの姿が理想の状態だと言えるでしょう。

補足するなら、よく「自分軸」が大切と言いますが、それは「ぶれない自分」になることではありません。自分軸をもつとは、どんな場合も、自分の感情や状況も含めてベストな状態を選べる力をつけることです。

だから、**元に戻りさえすれば、心は一時的にぶれてもいいのです。**

そもそも心がぶれないのは、心の感度が鈍っているからだとも言えます。

すると感情も麻痺してしまい、気力も湧かなくなってしまうのです。

そこで、感度を上げるために、自分で自分の心を動かしていきましょう。

私のおすすめは、**映画やアニメを観たり、小説やマンガを読んだりすること**です。

ゲラゲラ笑える作品はもちろんですが、ドキドキするパニックもの、怒りや悲しみが湧くシリアスな作品、号泣必至のヒューマンドラマなどもおすすめです。感情が大きく動く作品であればあるほど、心がスッキリします。

心を枠《わく》にはめて感情にフタをしてしまうと、感度は鈍っていく一方ですが、物語の力をもってすれば、心を「極」まで振り切ることも可能です。

そして、いったん心が「極」まで振れれば、元に戻ろうとする作用が自然に働きます。その回数を重ねていくと次第に心のバランスをとる力が養われ、それに伴って、感性や感度も高くなっていくのです。

時には、自分では絶対に選ばないような作品をチョイスするのも、新たな刺激になり、また新しい自分の発見にもなります。ぜひ試してみてください。

いまいる場所をジッと観察する

日常の中で、五感をフルに使っていきましょう

感知力をもっと日常的に磨くために、いますぐこの場でやれることを紹介しましょう。

まず、**本から目を離します。**そして、いまいる場所にあるものをひとつずつジッと見てください。自分の部屋であれば、インテリアや小物、床や壁などをじっくり観察します。

実際にやってみましょう。

どうでしょう。「あれ、ここにこんなものがあったっけ⁉」「そうか、これって、こんな形をしていたんだ」など、新たに気づいたことがいくつかあったのではないでしょうか。なにげなく見ていた時には、いろんなものを見落としていたとわかったのではないでしょうか。

次に**目を閉じて、周囲の音に耳を澄ませてみてください。**

それまでは気づかなかったさまざまな音が聞こえてくるはずです。空調の音や外を通る車の音、あるいは、木立を揺らす風の音や鳥のさえずり……。

これもまた、自分が意識していないだけで、たくさんの情報があるとわかるでしょう。ほんの数十秒やるだけで、これまでよりも、注意してものを見るようになるきっかけになるはずです。

これを職場で試してみると、おもしろい気づきがあります。

仕事前や仕事のちょっとした合間にオフィスを改めて見回したり、耳に意識を集中させてみたりしてください。さまざまな情報が飛び込んできて、見慣れた風景がまったく違って見えるはずです。

ほんの数十秒やるだけで、「意識を向けさえすればきちんと情報をキャッチできるのだ」という自信がもてるでしょう。同時に、意識の切り換えができ、新鮮な目で自分のいる環境を捉え直すことができるでしょう。

三度の食事も、感知力アップの絶好のタイミングです。

生活の中で五感をすべて使うタイミングは飲食時が一番多いですから、ほんの一口二口だけでいいので、料理の色や盛りつけ、ものを噛む時の舌触りや香り、聞こえてくる音など五感をフルに使ってみましょう。

レストランで食事をする時には、店内のインテリアや隣のテーブルから聞こえてくる会話、店員さんの立ち居振る舞いなどに意識を向けてみると、さらに五感を磨くチャンスになります。

食事中はそこまでできないという方は、お茶やコーヒーを飲んでホッと一息ついた時に、その香りやのどごし、カップの手触りなどを意識してみてください。

この習慣を折に触れて続けると、それまでは1センチ刻みだった感覚の目盛りが、1ミリ刻みくらいの精度になるような変化が起こります。

そして、微細な変化に気づく感性や観察力が育ち、身のまわりや自分自身の変化を繊細にキャッチできるようになります。

五感を磨く目的は、感性の目盛りをできる限り小さくするためとも言えます。

小さな変化に気づいてこそ、龍が送ってくれる兆しやメッセージを受け取って、自分の人生にいかせるようになるのです。

いつもは着ないテイストの服を試す

試着は、あなたの新しい可能性を引き出します

感知力は、洋服を買う時にも磨けます。

あなたはいつも同じお店で買い物したり、似たようなテイストの服を選んだりしていませんか？

洋服は、自分自身を表現するアイテムのひとつです。「定番」や「無難」ばかりを基準に選んでいると、新たな変化は起こしにくくなります。**洋服選びは、自分を変えるきっかけにもできるので、ぜひ有効に活用してください。**

でも、いきなり普段と違うタイプの服を買うのはちょっと冒険ですね。

ですからハードルを下げて、まず試着をしてみましょう。

試着する際のポイントは、あえていつもとはまったく違った色やテイストの服を選ぶこと。「自分では絶対に選ばない服」「憧れているけど手が届かないと思う服」「着てみたいけれど、自分には似合わないと思う服」をぜひ選んでください。

あるいは、いつもなら絶対に入らないショップで、服選びをしてみてください。

試着した結果、似合うかどうかは関係ありません。**新たな服を試してみる行為そのものに意味があります。**

じつは、試着してみないと似合うかどうかはわからないのに、私たち自身が、自分で勝手にそう決めつけていることが多いのです。

実際に着てみて、もし似合うのなら、「想定外の自分」を新たに発見することができます。もし似合わなかったとしても「思い込み」が「事実」となり、自然に腑《ふ》に落ちていきます。

いずれにせよ、試してみないことには事実はわかりません。

これは、服に限ったことではありません。たとえば人間関係や自分の人生にかかわる事柄にしても、「あの人はこうだから」「私にチャンスなんてこないから」と勝手に決めつけていることが私たちにはよくあります。

だから、簡単にできる試着を通して、自分が決めつけていることがほんとうかどうか実験してみるのです。

試着する際には、選んだ服の肌触りや着心地を感じ、鏡に映った自分の姿をよく見てみましょう。

袖を通してみると、今までは似合わないと思っていたブランドの服がしっくりなじんで服の好みが変わったり、高価で買えないと思っていたハイブランドの服があまりに着心地よくて、それを買うためにモチベーションが上がり、仕事がうまくいき始めたりと、想定外の変化がやってきます。

もし、もっと気軽にトライしてみたいのであれば、スカーフやマフラー、帽子やサングラス、バッグなどを試してみてもいいでしょう。

この場合も、実際に自分で身につけたり持ったりして、鏡に映してみましょう。また、着用した感覚にしっかり意識を向けましょう。

そうするとほんのわずかな時間で、「新しい自分」を五感で味わうことができます。

試着には、五感や感知力を育てる以外にも大きな効果があります。

それまで**気づけなかった自分の新しい可能性を、知ることができる**のです。

大げさだと思うかもしれませんが、試着してみるとわかります。「自分は新たなファッション（こと）にチャレンジできるのだ」という実感が次第に生まれてくるのです。じつは、そのこと自体に大きな意味があります。

私たちは、ある程度の年齢になると固定概念ができ上がり、新しい分野にチャレンジする柔軟さがなくなってしまいます。それで、ほんとうは自分の中にいろいろな可能性が眠っているのに気づくことができなくなるのです。

とはいえ、仕事や趣味で新たなことを始めるのはやはり大変です。

しかし、**洋服やファッションや小物なら、ほんの少しだけ勇気と手間をかければ「お試し」ができる**というわけです。

しかも、そうやって新しい自分を発見しようという意識が働き始めると、その変化が現実に反映されていきます。

それまではなかった人間関係が生まれたり、仕事でいままでなかったタイプの案件がきたりして、チャンスや変化の兆しがどんどんやってくるのです。

逆に言えば、**こり固まった自分を打破して、新しい自分の可能性を発見する場所として、試着の場を使うことができる**のです。

足裏の感覚を意識して第六感を磨く

五感を磨けば、自然に第六感が磨かれていきます

感知力が上がると、第六感も同時に磨かれていきます。

第六感というと、予言めいたことや本質的なことを言い当てる特別な能力のように見えますね。

しかし、**第六感は、自分に必要な情報やひらめきをもたらしてくれる能力で、誰でももっているものです。**

そして、五感の中でも、特に意識して欲しいのが**「触覚」**です。

触覚は、その場のエネルギーを読むために大きな役割を果たします。

たとえば、場の雰囲気がつかめないことを「空気が読めない」と言いますね。

その原因は、触覚の感度が鈍っていることにあります。

触覚が鈍っていると「肌感覚」で場のエネルギーを感じることができません。

ですから、頭でどんなに「心配りをしよう」「人に合わせよう」と思っても、その場に適したふるまいができないのです。

皮膚は、脳と同じ細胞からできているとも言われ、肌の感覚は脳と直結して、ダイレクトに刺激を与えます。

ですから、肌感覚、つまり触覚を磨いていけば、がんばって気をつかったり、人づきあいを上手にしようとしたりしなくても、自然にその場にもっとも合った言動がとれるようになるのです。

触覚を磨く手軽な方法が、**「足裏」を意識すること**です。

正直なところ、ふだんはほとんど足の裏を意識しませんね。

でも私たちは、歩かない日はありません。そして歩くたびに、足の裏は床や大地を踏みしめて衝撃を受け、何かしらの感覚を感じています。

また、足裏の筋肉には大切な役目があります。体全体を支えることです。

その感覚が麻痺したり足裏が硬くなったりすると、今度は脚や腰、背中、首など、体全体で足裏の働きをカバーしようとします。

それが肩こりや腰痛の原因になる場合もあるため、足裏に意識を向けることはとても重要なのです。

ですから、一日10～20歩でかまいません。足裏の感覚に意識を向けてみましょう。毎日でなくても大丈夫です。時々マッサージするのもいいでしょう。

足裏は、土地のエネルギーを吸収する入口でもあります。**大地には「地龍」という土地を守る龍が宿っているので、地龍にあいさつするつもりで、大地を踏みしめて歩いてみてください。**

もし可能なら、浜辺や芝生の上など安全な場所で裸足《はだし》になり、大地の感触を味わってみましょう。

ふだんの生活では、靴の上からでOKですので、移動中にちょっと実験していただきたいことがふたつあります。

履いている靴によって足裏の感覚は変わってきます。ですから、その日の靴によってどのような感覚の違いがあるか、同じ場所を歩く時には、別の靴を履いている時との違いを比較してみてください。

もうひとつは、坂道でやっていただきたいことです。足裏にかける力の加減が、平坦な道とどのように違うのかを感じてみましょう。

どちらも、とても微細な違いかもしれません。しかし、そのわずかな差を感じていくことが、感知力と第六感を磨くことにつながっていくのです。

CHAPTER 3

龍とつながる7の方法

神社に行って、龍から愛される人になる

龍との距離を縮める神社にお参りしよう

自分自身の直感で参拝する神社を決めましょう

神社は、龍とあなたの距離がグッと縮まる空間です。

龍だけでなく、神様のパワー、そして神社という「場」の力をいただけるところであり、日頃の自分を見直す場にもなります。また、神社では心身ともに癒されてリフレッシュできるので、余裕をもちたい時におすすめです。

龍とつながるために、次の3つを意識して神社を選んでみてください。

①岩や山、滝などの自然物をご神体とする神社

古代の神社には社殿《しゃでん》がなく、磐座《いわくら》（巨石）や山、滝などの自然物をご神体として祭《まつ》っていました。そのような自然物に神々が宿るという信仰が、日本には古くからあったのです。いまも、社殿はあっても、それらの自然物をご神体としている神社がいくつもあります。

たとえば、那智《なち》の滝をご神体とする那智大社（和歌山県）や、三輪山をご神体とする大神《おおみわ》神社（奈良県）などが有名です。龍は自然が大好きなので、そのような神社には特にたくさん存在しています。

自然物をご神体とする神社は、各地に存在します。ぜひ探して訪れてみてください。

②「なぜか気になる土地」にある神社

たとえば、雑誌やテレビで見て、なんとなく気になった土地や景色に一目ぼれした場所。または、人から話を聞いて興味をもったところや「この名産品を現地で食べたい！」と思う土地などに行き、神社を訪れてみましょう。

「○○に行きたいなあ」と思う時、その土地にある神社の龍から呼ばれていて、そのサインを無意識にキャッチしている場合があります。

なぜ、龍がそんなまわりくどいことをするかというと、知名度の高くない地方の神社に参拝することが、その人の運気アップにつながる場合があるからです。そんな時、いくら神社名を知らせたくても、当人がその存在を知らなければ意識に引っかかりません。それで龍は、土地そのものの情報をサインとして送り込んで、本人を現地に向かわせるという方法をとるのです。

ですから旅行先では、観光した場所や宿泊先の近くにある神社に訪れたりしてみましょう。それこそ、龍があなたに訪れて欲しい神社だったということがあるのです。

「旅行のついでに行くなんて、龍や神様に失礼」といった心配は無用です。むしろ、「ついででもいいので、どんどん尋ねてきて欲しい」と龍や神様は思っています。

③ 近所の神社や生まれた土地の神社

あなたをいつも近くで守ってくれているのは、近所にある神社や生まれた土地の近くにある神社の龍や神様たちです。

できる限りでかまいません。折に触れて、それらの神社に足を運んでみてください。

各地の龍や神様はエネルギーのネットワークでつながっています。

身近な神社であなたが祈ると、さまざまな神社へとつながって、ネットワークが強化されていきます。

参拝する神社を決める時、龍が一番大事にして欲しいと思っていることは何でしょうか。

それは**「ぜひ、自分自身で意思決定して欲しい」ということ**です。

ネットや雑誌の情報、人から聞いた言葉だけに頼っていたら、感知力や判断力は育ちません。最終的には、「ここにお参りしたい」という自分自身の感覚を信じて、神社選びをしていきましょう。

「もし間違っていたらお参りしても、無駄になるのでは」とおっしゃる方もいますが、心配いりません。龍は優しいので、自分の感知力や直感を使って意思決定したあなたを助けてくれます。

万が一、参拝する神社が本来行くべき神社と違っていたとしても、あなたのもとにサーッとやってきて、必要なパワーや後押しを送ってくれます。

最初は不安でも、自分で選び続けることで自信がつき、経験値が上がっていきます。

そのプロセスを龍はあたたかく見守り、応援してくれるのです。

神社の大きさ、それぞれによさがある

神社の規模や雰囲気でいただけるエネルギーが違います

たくさんの参拝者が訪れ、活気がある有名神社や大規模神社。

地元の人しか知らないへき地の神社や都会の小規模な神社。

どちらの神社が龍とつながりやすいと思いますか?

答えは「両方」です。

おおぜいの人が参拝する大きな神社には、龍もたくさんいます。

特に、観光名所となっている有名神社や参拝客の多い神社などは、龍たちが元気よく飛びまわって、いつもパーティのような状態です。

人が集まることで生まれるエネルギーで境内は活気づき、多くの人が届ける祈りを受けて、龍たちもエネルギッシュに飛びまわっているのです。

そこに参拝すると自分自身も元気が湧き、運勢にも活気が出てきます。

一方、人里離れた場所にある神社や人があまり訪れない小さな神社は、人間のエネルギーによって場が荒れていないという特徴があります。

そのため、**龍たちもパワーを温存して、静けさに満ちた境内の森で体を休めていたり、誰をどうやって後押ししようかと思いを巡らしたりしています。**

そんな神社に足を踏み入れたら、龍たちは「あ、誰かきてくれた！」と大喜びで歓迎してくれます。

では、どちらの神社にどんな時に参拝するといいのでしょうか。

いつも龍たちがお祭り状態にあるような大規模な神社は、運気を活性化してくれるので、パワーをもらって目標にチャレンジしたい時や、人生をどんどん発展させていきたいと思うタイミングで訪れるといいでしょう。

龍たちがゆったりとまどろんでいるような小さな神社には、自分の人生を見つめ直したい時や、これからの方針をじっくり考えたい時、人間関係を穏やかに調整したい時に訪れるのがおすすめです。

龍たちの手助けによって、静かな時間の中で新たな気づきが得られ、たとえ落ち込んでいたとしても、「もうちょっとがんばれるかな」「よし、こんなふうにやっていこう！」と思い直せるでしょう。

田舎に行くと、現地の人たちが「こんなところまできてくれてありがとう！」と、いろいろなごちそうでもてなしてくれますね。それと同じように、小さな神社では、たくさんの御神気をあなたに用意してくれています。

ぜひ、ゆっくり時間をとって、御神気をたっぷり受け取ってください。

でも狭い境内では、人目もあって、長時間は居づらい状況がありますね。

そんな時は、スマホの出番です。

境内の端あたりに立ち、なにげなくスマホを手にしていれば、同じ場所にたたずんでいても不自然な印象は与えにくくなります。

小さな神社といえど、御神気が強い場合も少なくありません。

神社の規模や雰囲気でどんなエネルギーをいただきたいかを意識し、臨機応変に対応しながら、参拝を楽しんでください。

境内では、龍との交流を楽しむために、大小問わずどんな神社であっても自然の状態に注目しましょう。自然の美しさを愛《め》で、季節の移り変わりを感じると、次第に感知力が磨かれていきます。すると、参拝中に悩みを解決するヒントがひらめいたり、インスピレーションが湧いたりしやすくなっていくでしょう。

龍と確実につながれる神社参拝法

ゆっくり時間をとり、龍の存在を感じていきましょう

龍は、よくこう言います。「せっかく神社にきたのだから、もっと境内でゆっくり過ごして欲しい！」と。参拝にきた皆さんがあまりにも早く帰ってしまうので、龍たちはもう少し長くいて欲しいと残念がっているのです。

確かにほとんどの方は、おみくじをひいたりお守りをいただいたり（お守りやお札、絵馬などは「買う」ではなく「いただく」と言います）する時間を入れても、滞在時間はせいぜい10～20分程度ということが多いかもしれません。でもそうすると、龍とつながる機会を逸してしまいかねません。時間も労力もお金もかけて訪れるのに、それではとてももったいないですね。

神社参拝は、こちらから一方的にお願いをするだけの時間ではありません。龍や神様とコミュニケーションするための「相互通行」の時間です。

だから脇目も振らずに拝殿に向かって、パンパン！とお願いして帰るだけでは、せっかくの機会を逃してしまうのです。

たとえば、遠方の神社に参拝する時、たぶんあなたは神社の情報を下調べして、どんな願いごとをしようかと考え、旅行の段取りをして出かけていくでしょう。

それは、たとえるなら離れた町に住む有力者にアポイントをとって、ごあいさつとお願いに行くようなものです。

本殿で参拝してすぐ帰ってしまうのは、はるばる足を運んでようやく家を探し当て、自宅に招いてもらったのに、相手とろくに話をする暇もなく、さっさと帰ってしまうのと同じです。

龍は、あなたが神社をリサーチしたり旅行の手配をしたりしている時から察知して、到着を待っています。せっかくコミュニケーションしようと楽しみにしているのに、気がついたらその相手がもう帰っているので、いつも「もっといてくれればいいのにな」と思っているのです。

もちろん参拝しただけでも、龍は喜びます。

でも、**もしあなたがもっとゆっくり過ごすことができたら、龍はさらにうれしくなり、「おもてなし」として御神気をたっぷり送ってくれるだけでなく、さまざまなサインも送ってくれるでしょう。**

では、神社で龍としっかりつながるためには、どうすればいいでしょうか。

まず参拝前に、神社の由来書や案内板を読みましょう。

多くの神社で、鳥居の前や境内の入口に、神社の歴史や御祭神などを書いた由来書、または案内板が設置されています。

正直なところ、中には文章がむずかしく、内容がわかりづらいものもありますが、気にせず、わかる部分だけでも読んでいきましょう。

由来書や案内板を読むのは、神社について知ることだけが目的ではありません。

内容を理解するのもさることながら、**「知ろうとする姿勢そのもの」**が大切なのです。龍は「この人は、自分たちに興味を持ってくれているんだ」と喜び、あなたの好感度もアップします。

次に、境内を散策しながら、自分自身と神社のエネルギーをなじませます。

神社内は、龍や神様の御神気が満ちた聖域です。

いきなり拝殿に向かうと、ふだんのエネルギーをまとったまま、龍や神様にごあいさつすることになります。すると龍や神々とのエネルギーが違いすぎて、スムーズに願いが届きません。ですから、まずは神社の気と自分のエネルギーをなじませるのです。気になる場所があったら立ち止まり、エネルギーを感じてみるのもおすすめです。

龍は、境内や周辺の自然に宿ります。

参拝の前でもあとでもいいので、境内の樹木や草花、風、太陽の光などに意識を向けて、龍の存在を感じていきましょう。

自然の中に龍の存在を感じられたり、風や光の変化に気づけたりするのも、龍の「おもてなし」のひとつです。「ここに龍がいるのかも」と思いながら見るだけで、龍はあなたの思いをキャッチしてくれます。

最初はピンとこなくても、何度も訪れているうちにエネルギーが通じやすくなります。自分自身の感知力が変化するのも楽しみながら、参拝を続けてください。

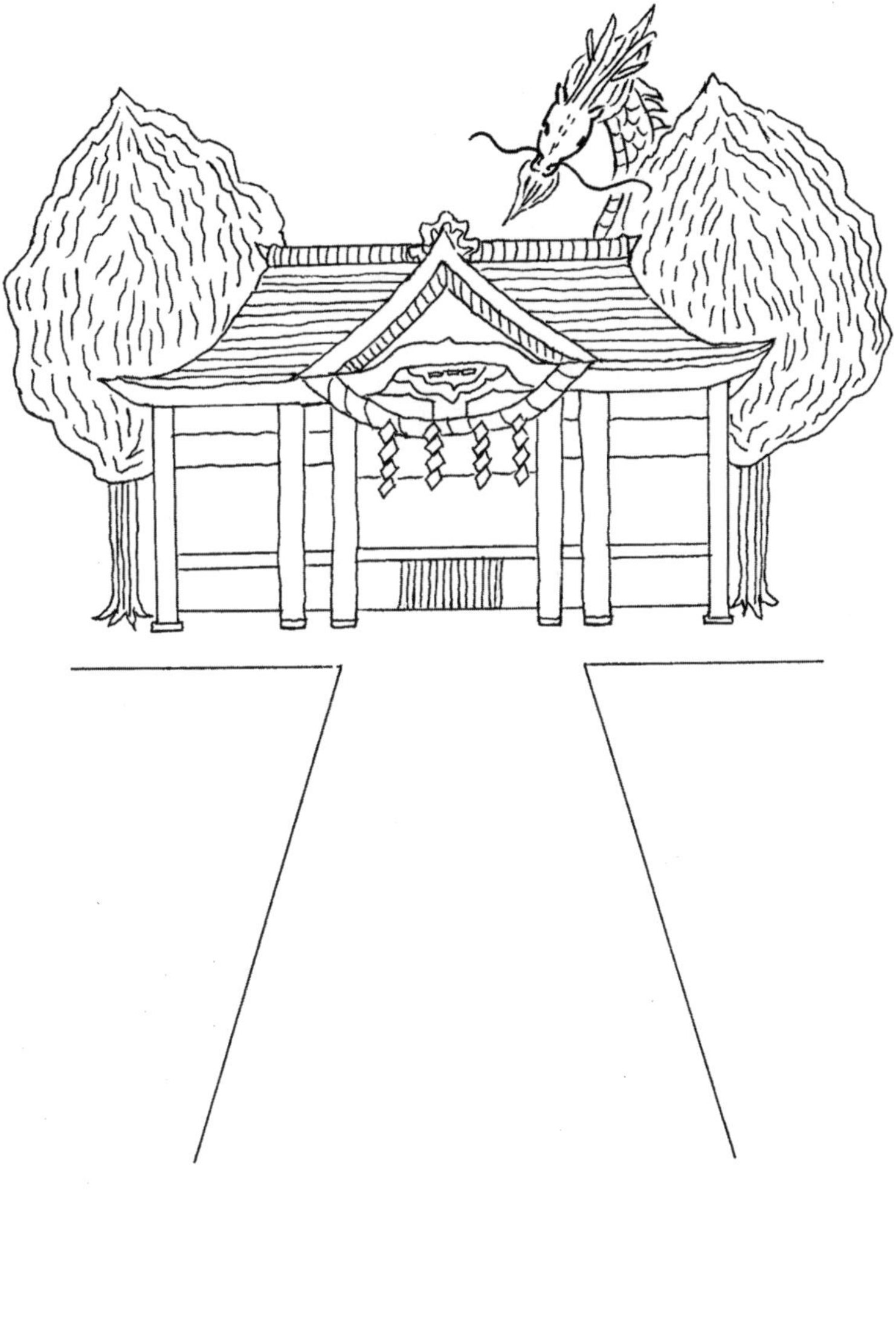

龍に「できるヤツ」と思わせる祈り方

私たち自身も龍にパワーを送ることができます

ある時、クライアントのBさんからうれしいご報告が届きました。

「一部上場企業と、あり得ないスピードで契約を締結《ていけつ》することができました！龍がご縁をつないでくれたおかげです」

Bさんはコンサル会社を経営しています。世界的知名度のある相手先とははじめてのおつきあいだったとか。Bさんには、今回契約がスムーズにいった理由に心当たりがありました。打ち合わせの前に、先方の会社近くにある神社に参拝し、業務提携がうまくいくようにお願いしたのだそうです。

すると、通常なら数回かかるやりとりが一度で終わり、しかも、本来なら先方の法務部が作成したフォーマットがあるにもかかわらず、Bさん側が作成した契約書で一発OKだったとか。

このように、**プレゼンや打ち合わせの前に、相手オフィスの近くにある神社にごあいさつしておくと、その土地を管轄《かんかつ》する龍の後押しが得られます。**

この時のポイントは、自分自身だけでなく、相手にとっても最高の結果が得られるように祈ることです。

私自身も、打ち合わせや会議、講演やセミナーをおこなう前には、必ず事前に会場近くにある神社にごあいさつに伺います。

その際には、自分がベストなパフォーマンスができるよう祈りますが、それだけではありません。

「すべての人が納得でき、今後発展する着地点に落ち着きますように」

「私の話を聞く皆さんが心地よくその時間を過ごし、何かひとつでも今後のために役立つ情報を持って帰れますように」と、祈ります。

つまり、**かかわる人すべてを意識して、みんなでよくなっていけるように祈るのです。**

祈る対象者が多ければ多いほど、巻き込む相手が増えていきます。

祈ったあとに、自分にできることを精いっぱいやっていけば、龍がつなげてくれる人脈も増え、動き出す輪が大きくなっていくでしょう。

この姿勢で仕事や自分の活動を続けていけば、その輪はさらに大きくなり、スパイラルのように上昇していきます。それが、龍の望むところであり、継続的な後押しを得られるコツでもあるのです。

さらに深く、祈りを通して龍とつながり、願いを叶えていくために、ここで、日本古来の龍とのかかわり方を学びましょう。

鎌倉時代に定められた武士の法律「御成敗式目《ごせいばいしきもく》」第一条に、その基本中の基本が書かれてあります。

要約すると、「神社を修理して、祭をきちんとおこなうこと」「神は敬《うやま》うことによってその力が強くなり、人は神の力によって運が増す」というような内容です。何十条もある項目の一番はじめに、まず神様や神社を敬うようにと、定められているのです。

ここで言う神社や神様とのおつきあいの仕方は、そのまま龍とのかかわりに当てはめられます。

私たちの先祖は、このように長い間、神々や神社、龍を敬いながら、日本を発展させてきたのですね。

時代は変わりましたが、私たちもそのＤＮＡを受け継いでいます。

龍をあがめ奉る必要はありませんが、彼らに尊敬と親愛の思いを送り、地球を発展させていくためのパートナーとして、ともに成長していけるのです。

また、龍や神様の発展のために、いま人間側からできることが数多くあります。

その手始めが、**見えない存在である龍や神様に、こちらから思いを向けることです。そしてその格好の機会が、神社での参拝です。**

これから参拝時には自分の願いごとを言う前に、次のように伝えましょう。

「○○神社にいらっしゃる神様方、龍神たち、皆様の成長と発展をお願いいたします」

「祈ります」ではなく「お願いいたします」と言うのには、理由があります。

龍は常に「人間の願いを叶えたい」と思っている存在です。だから、このようにお願いされると、「よし、がんばるぞ！」とやる気になるのです。

まずはじめに、龍や神様の発展をお願いするのは、私たち自身にとってもいい影響があります。**自分の願いよりも先に、他者について願うと、そのあとで**

自分自身の願いを伝えやすくなるという効果があるのです。

日本人は特に、自分についてお願いすることに、どこか罪悪感を感じる気質があります。無意識だったとしても罪悪感があると、それは願いを叶えるための大きな足かせになります。

しかしその前に、他の相手について祈り、他者に貢献できたという充実感があれば、罪悪感をもたずに自分のことを願えるようになるのです。

このように、龍の成長や発展について祈り、お願いすることこそ、私たち人間と龍が協働関係を結ぶことだと言えるでしょう。

もしかすると、いまのあなたは「自分が祈っても大したことはない」「特別な力もないし、願いが届くとは思えない」と自信がないかもしれません。

でもそれは、とてももったいないことです。

先祖がそうしてきたように、私たちは誰でも、龍や神様に祈りを届ける力をもっています。神社での参拝を通して、ぜひそのことに気づいていただけたらと思います。

#「土地の力」を意識すると龍が喜ぶ

大地に感謝を送ると、龍の後押しにつながります

神社に行くと、樹木の根っこが波打つように盛り上がっていたり、太い幹がうねるようにねじれながら伸びていたりするのを見かけませんか？

境内や鎮守の森に生えている木は、普通の木とは、またひと味違った独特の生命力がありますね。

それは、神社のもつ土地そのものに力があるということです。

土地が力をもつのは、神社だけではありません。公園の樹木や街路樹、庭の草花、農作物などすべて、その土地の生命力によって生かされています。

日々、田畑でつくられたお米や野菜を食べている私たちも同じです。

日本人は古くから、「大地そのものが神様の体である」と考え、土地に宿る神様を「土地神様」と呼び、敬ってきました。**木々や農作物が育つのは、その土地神の力**です。

土地に活気がなくなれば、その上に育つ植物たち、ひいては動物たちや人間も活気がなくなります。私たちの先祖は、それを知っていて土地そのものに感謝を送り、大切にしてきたのです。

土地や土地神の力は、「意識されること」によって活気づいていきます。

「この土地が好きだな」「大地に感謝しよう」「ここで生きられてありがたいな」と思う気持ちが向けられた土地ほど、生命力にあふれ、その土地だけでなく、そこで生きるものすべてがエネルギーに満ちていくのです。

しかしいま、私たちは自分の住む土地にあまり意識を向けなくなりました。毎日時間に追われ、大地もコンクリートで覆われた部分が増えた現代では仕方ない面もあります。

でも、それに合わせて土地の力も弱まっています。

そして、土地の力が弱まると、龍たちも弱っていきます。

龍は自然を守る存在だとお話ししましたが、本来なら、土龍をはじめとする龍たちは、土地のエネルギーを整えるだけで済んできました。

しかし土地の力が弱まれば、その土地のエネルギーを回復させるためにパワーを投入しなければなりません。いま日本には、そのような土地がたくさんあります。このままでは龍たちも疲れ、本当に発揮すべきところで、力を発揮しづらくなってしまうのです。

そこで、**私たち人間にできるのが、大地に「意識を向けること」「感謝すること」です。土地の力は、それだけで活気づきます。**

いままでの参拝で、あなたは社殿や樹木、空など上のほうだけに関心を向けていたかもしれません。

しかしこれからは、土地そのものにも注意を向け、地面を見てその様子を観察したり、感謝を送ったりしましょう。

改めて地面を見てみると、美しいコケやきれいな花が目に止まったり、隆起した木の根の力強さにハッとしたりして、何かしらの気づきがあるものです。

神社だけでなく、ふだん生活している土地でも、思い出した時でいいので、そうやって大地そのものに意識を向け、感謝してください。

歩きながら大地を踏みしめて足裏の感触を感じ、「これが、私たちを生かしてくれる土地神様の体なんだな」と意識するだけでも大丈夫です。

それが、あなたから龍へ送る大きな後押しになっていきます。

絵馬とお守りは願いを叶える神アイテム

自宅で神社とつながり、御神気を受け取る方法があります

龍とつながって神様に願いを届けるために、ぜひ活用していただきたいアイテムが、神社でいただける**「絵馬」**と**「お守り」**です。

絵馬の由来は、馬そのものを神社に奉納していたことからきています。

馬はもともと神の使いとされ、その背に願いを乗せて神様に届けると考えられていたのです。

それが、いつしか馬を描いた大きな板絵に変わり、さらに小さくなって現在のサイズになっていきました。

また古くから、馬は天に昇って龍になるという信仰もあり、白馬は白龍に、黒馬は黒龍に姿を変え、人々の願いを神様に届けると言われてきました。

そんな歴史をもつ絵馬は、お願いごとを神様に届けるアプリのようなものだと思ってください。

境内に奉納されている絵馬は、パソコン上のアプリ画面に願いごとが書かれているようなイメージです。**絵馬が「窓」になり、龍が媒体となって神様に願いを届けてくれる**のです。

そうやって願いを届ける日本の習慣はすばらしいのですが、私はちょっと変わった絵馬のいかし方をしています。

数か月かかる大きなプロジェクトや大きな目標がある時、絵馬を自宅に飾って神社に見立て、無事成功するように願いを込めて日々ごあいさつしているのです。一枚にひとつずつ目標を設定するので、叶えたい願いが複数ある場合は、その数の絵馬を飾ります。

自分自身の意識にしっかり入ってさえいれば、絵馬に具体的な内容は書く必要はありません。龍がその情報をキャッチし、神様の元へと運んでくれます。

いつも目にとまる場所に絵馬を飾れば、見るたびに意欲が湧き、作業がはかどります。**絵馬は自分を元気づけ、願いを叶えてくれる扉のような役割をしてくれるのです。**

私は壁に絵馬をかけていますが、飾り棚や書棚の高いところに置いてもいいでしょう。職場で、デスクの引き出しに入れておけば、開けるたびに目にとまり仕事中の意識づけになります。

絵馬が「願いを届けてもらうための扉」なら、**お守りは、神社でいただいた御神気を入れておく「器《うつわ》」**です。

神社では、あなたが思う以上に御神気がいただけます。神様や龍たちがこれでもかと熱烈歓迎して、たくさんのパワーをくれるのです。

たとえるなら、栄養ドリンクを飲みきれないほど渡されるようなものだと思ってください。

とてもありがたいのですが、量が多すぎて一度で飲むことはできませんね。

でも、せっかくいただいた御神気です。日常生活に戻って、毎日適量いただきたいですよね。

そこで、お守りの登場です。**お守りには御神気がたっぷり入っているので、見るたび、触れるたび、意識するたびに、そのパワーがいただけます。**

たとえば、仕事でミスしてへこんだ時や大きなチャレンジの前で緊張している時、忙しすぎてパニクってしまいそうな時、あるいは、自分で予想もしていなかったうれしいことがあった時、お守りの存在を思い出しましょう。

すると、「そうだ、自分はあの神社でこんな願いごとをしたんだ」と思い出して平常心に戻れます。また、落ち込んだ時は「元気を出そう」と思え、逆に、舞い上がっている時はスッと通常モードに戻れます。

お守りを手にすると御神気を受け取れるだけでなく、「あの時、境内の風が心地よくてスッキリしたな」「鎮守の森がきれいだったな」と参拝時の記憶がよみがえり、波立っていた感情がリセットされて、心に余裕が生まれるからです。

お守りの「有効期限」は通常一年と言われていますが、厳密にこだわることはありません。自分で手に取って、「もうお返ししてもいいかな」と感じたら、神社の「古札納所《こさつなっしょ》」にお返ししましょう。

絵馬も願いが叶ったら、同じようにお返しします。

絵馬もお守りも、遠方で行くのがむずかしい場合は、近所の神社でもかまいません。どちらも感謝を込めて御礼を伝えお返ししてください。

開運招福
御守

龍とつながると自己肯定感が高くなる

フラットな目線で龍と「会話」していきましょう

龍の存在やサインを感じ取れるようになると、あなたに大きな変化が起こります。ネガティブになることが減り、自己肯定感が上がるのです。

人間には、「私なんてダメだ」と考えるクセがあります。しかしそれは、私たちの心のしくみに最初から組み込まれている部分ですから仕方ありません。自分を責めず、大らかな気持ちでかまえていてください（ネガティブな感情の扱い方については、CHAPTER5でくわしくお話しします）。

そして**自分を否定したり卑下《ひげ》したりする気持ちも認めながら、神社や日常生活の中で、龍とコミュニケーションをとる練習をしていきましょう。**

はじめは慣れないかもしれませんが、龍と新たにパイプをつないでいくのですから、あせらず、楽しみながらチャレンジしていってください。

漢字を覚える時には、繰り返し書いて練習しましたね。同じように、最初はむずかしいと感じても、必ず感性が磨かれコミュニケーションできるようになります。

でもせっかく練習を始めたのに、次のように落胆される方もいます。

「龍が大好きなのに、まったくその存在を感じられないんです」

「龍のメッセージが全然受け取れないんです」

話を聞いてみると、そういう方は、龍と「言葉」でコンタクトをとれると思っていらっしゃるようです。

でも**龍は、言葉で直接語りかけてくるわけではありません。自然現象や、耳や目に偶然入ってきた言葉、周囲の人との会話などを通して送られます。**

たとえばあなたが、仕事で落ち込んで神社に行ったとします。そこで、生命力にあふれた木や美しい夕焼けを見て心が洗われ、スッキリしたとしたら、それは、龍が見せてくれた景色です。

逆に、仕事やプライベートが絶好調で謙虚さや感謝が足りない時には、調子に乗りすぎている自分に気づかせてくれるような出来事を起こして、「ちょっと落ち着いてみよう」とうながしてくれます。そうやって龍は、私たちがニュートラルな状態に戻れるようにしてくれるのです。

ただし、お願いがあります。**龍のサインは、常にフラットな目線で読み解い**

てください。

以前、浮かない顔の友人がこんなことを言いました。

「龍に会いに神社に行こうとしたら、事故で電車が止まって結局行けなかったの。最近だらけてたから、龍から嫌われてるのかなあ」

こんなふうに、小さなトラブルやアクシデントでも、「運が悪いのかも」「ついてない」「何か反省したほうがいいのかな」と考えてしまうのも、人間の思考パターンのひとつです。感情を入れずに事実だけ見れば、起きた出来事に良し悪しはありません。また、起きたことをどう判断して対処するかで、今後の展開がまったく変わってきます。

たとえば電車のトラブルなら仕方がないので、後日改めて行けばいいだけです。仕切り直した日がベストタイミングだったという場合もあります。

龍とスムーズにコミュニケーションしている方の例をご紹介しましょう。

私のクライアントのCさんは、神社の中でなんとなく気になるスポットを探し、そこで龍や神様と「会話」をするそうです。

どのようにするかというと、今後の方針や願いごとを心の中で伝えて、祈るのだとか。するとＯＫの時は風がサーッと吹いてきたり、鳥が鳴いたり、木立がサワサワ揺れたりするそうです。

でも、そんな反応がない場合もあります。その時は、自分の方針が違うのかもしれないと考え、境内や近くのカフェで、自分自身や状況をもう一度見直し、改めて考えを練り直して、同じスポットで祈るそうです。そうすると、なんらかの自然現象でイエスのメッセージがくることが多いとのことでした。

これは、コミュニケーションの一例です。あなたも、自分なりのやり方をぜひ試してみてください。「なるほど、こんな方法で龍とつながれるのか」とわかると、「私にもできる！」と自信が生まれるはずです。

時折、「サインを受け取った気がするんですけど、気のせいですよね」とおっしゃる方もいます。しかし、その**「気のせい」を否定しないことこそが、龍とつながる秘訣《ひけつ》**なのです。どうぞあせらず、自分の感覚に自信をもってトライしていってください。

CHAPTER 4

龍を味方にする10の方法

「龍の力」を借りると、運気の流れに乗れる

季節の変化を意識して運気の波に乗る

運気の流れは、二十四節気と連動しています

龍とつながるための準備がいよいよ整ってきました。CHAPTER4では、毎日の中で行動する際に役立つ情報をご紹介していきましょう。

龍の後押しを得て、願いを叶えていく方たちの日常の過ごし方には、ひとつの共通点があります。**「運気の流れを味方につけていること」**です。

運気は、常に流れています。その波に乗ると、あらゆることがスムーズに進みますが、波に抗《あらが》って泳ごうとすると、労力ばかり使って物事がなかなか進みません。一生懸命がんばっているのに、なぜか邪魔が入ったり、結果が出なかったりする時は、たいてい運気の動きに逆らっているものです。

しかし、運気の流れは見えません。でも流れを知るためのヒントがあります。それが季節の変化です。**運気の流れは、季節と連動しています。**

ですからその変化を見ていけば、運の波にスッと乗っていけるのです。

では、季節の移り変わりを感じるには、どうしたらいいでしょう。

そのもっとも簡単な方法が、昔ながらの暦を活用することです。

日本には、二十四節気という季節の区切りがあるのをご存じでしょうか。

これは、太陽の動きによって一年を24分割し、名前をつけたものです。たとえば、天気予報などでよく耳にする「大寒」や「立秋」といった言葉も、二十四節気のひとつです。

二十四節気がひとめぐりすると、一年が終わります。ちょうど環状に走っている山手線に24の駅（節気）があるようなものと思ってください。

その中でも、運気の切り替えとなる大きなポイントが「立春」「春分」「夏至」「秋分」「冬至」です。

この5つのポイントを意識しながら過ごせば、一年間の運気の波にスムーズに乗っていけるのです。順に、ご紹介していきましょう。

■立春（2月4日頃）

たとえるなら、立春は全路線の出発点である東京駅のようなものです。新たな一年が始まる運気のスタートであり、どのような一年を過ごすかを決める時期にあたります。お正月から立春までの間に、一年の目標をしっかり定めましょう。この時期はまだウォーミングアップ中ですから、あせって動こうとせず、方向性を決めることに集中します。望みを叶えたいなら「準備8割が大切」。きちんと方向性を定め、スタンバイOKの状態にしておきましょう。

■春分（3月21日頃）

「よーい、スタート！」とピストルが鳴って、一年が本格的に始まる時期。季候も暖かくなり、現実生活も年度替わりで慌ただしくなる時期です。

いよいよ今年やりたいことを実際に始めていきましょう。ここから夏至までの間は、がむしゃらに突っ走るくらいの勢いで進んでください。少しぐらいバタバタしてもやりきることが、次の展開へとつながるポイントです。

■夏至（6月22日頃）

運気の波のピークを迎えます。前半しっかり準備できていれば、ここでベストパフォーマンスが出せるでしょう。一年でもっともボルテージを上げていくべき時。ただし、夏至を過ぎたら、夏の暑さで疲れも出るので、少しずつペースダウンを。いままで夢中で走ってきたので、取りこぼしがないか、状況や自分自身を振り返りつつ、進みましょう。

■秋分（9月23日頃）

これまでやってきたことを統合し、ラストスパートをかけて、一年間のまとめへと向かっていく時期。引き続きペースを徐々に落としつつ、やり残しをチェックし、新たに補完としてやるべきことを見つけていきます。この時期にやるべきことをやれば、それに見合った収穫が得られます。

■冬至（12月22日頃）

一年間を終えて、終点の東京駅（立春）に向かう時期。これまでやってきたことを振り返り、その成果を確認しつつ、この一年で湧いてきた新しいアイデアや目標を自分の中で練り、来年の準備を始めます。来たるべき「新年」に向かって、英気を蓄えていく時期です。

自然の摂理に沿って一年を過ごせば、努力が実を結んでいきます。

そもそも人間は機械ではありません。一年中がんばり続けるのは不自然であり、むずかしいのです。季節の区切りを意識し、メリハリをつけながら運気の波に乗っていきましょう。

立春
春分
夏至
秋分
冬至

運気に乗れるのは「ノリのいい人」

「チャンスがきて当たり前」と思って日々過ごしましょう

願いを叶えたいと、同じようにがんばってきたDさんとEさん。

Dさんは、ある時を境にメキメキと頭角を表し、自分の望む分野で活躍し始めたのに、Eさんは、努力はしているものの現実がなかなか変化しません。

この違いは、どこにあるでしょう。

それは、たった1点。**ノリがいいか悪いか**、です。

といっても、単に浮かれて過ごせばいいというわけではありません。

チャンスがきた時に尻込みせず、その波に乗れるか乗れないか。

その違いが、現実を変えられるかどうかに大きく関わるのです。

じつは、チャンスは同じタイミングで、ふたりにきていたのです。

Dさんは「怖いけど、やってみる！」とチャレンジし、Eさんは「えー、いまの私には無理！」とスルーしました。結果は、先ほどお話しした通りです。

龍がくれるチャンスは、ちょっと無理めの課題という形でやってくると、CHAPTER1でお話ししました。もう少しくわしくお話しすると、それは、想定外のところから、想像もしなかった依頼や誘いという形でくる場合があります。

その時に、人間には当然、怖れや不安、心配が出てきます。

だからつい、自分で望んだことも忘れて、「こんなの頼んでいない！」「思っていたのと違う！」と拒否してしまうのです。

龍は、人間に何かを強制するわけではないのです。もちろん拒否するのも自由です。けれどそれは、龍がつないでくれたチャンスをスルーすることになります。ですから、**気後れするようなオファーがきても、「ええい！」と挑戦していってください。するとそのチャレンジに見合った成長ができます。**

ただし、自分の恐怖心や不安ではなく、家庭の事情や仕事の都合などで、その課題に取り組めない時もありますね。

たとえば、どんなにやりたいオファーがきても、子育てや介護で時間的にむずかしかったり、体力的に無理な状況だったり……。

そういう場合は、「せっかくのチャンスだったのに」と嘆いたり、自分を責めたりしないでください。あなたにふさわしいタイミングで、必ずもう一度チャンスがくるから大丈夫です。

さて、ここでお話ししている「ノリの悪い人」は、変化するのが不安だったり、失敗するのが怖かったりして、課題に取り組めない人です。

では、イザという時に拒否しないためには、どうしたらいいでしょう。

今日から「チャンスはいつきてもおかしくない」と思って過ごしてください。

いままで努力してきたあなたには、十分、経験値がたまっているはずです。だから、チャンスがきて当然なのです。

じつを言うと、「チャンスが欲しい」と言うわりには、心の中では本当にチャンスがくると思っていない方が多いのです。

もしあなたが変化を望むなら、「まさしくいま、くす玉が割れる寸前なんだ！」と思って過ごしましょう。いまから、「いつ割れるのかなあ」と心の準備をしていれば、ちょっとビビってしまうようなチャンス（課題）だったとしても、「あ、きたきた！」と冷静に受け止められます。

「チャンスがきて当たり前！」を今日からあなたの合い言葉にしてください。

龍からのチャンスをいかす秘訣

課題をこなすと、経験値がどんどん上がります

龍が時々、私にボヤきます。

「おおぜいの人が運気に乗りたいって言うけど、実際に運の波がきたら、ほとんどの人は乗らない。それはなぜだろう」と。

その理由のひとつが、前項でお話ししたように、龍がもたらすチャンスが予想通りの形ではこないためでした。意外な展開に心の準備ができず、チャンスを見送ってしまう人も多いのです。

そう、**チャンスはいつも「え、これ!?」という形でやってきます**。どんなふうにくるのか、私の例でお話ししていきましょう。

私の場合は、「日本各地のすばらしい神社や聖地に多くの方をご案内して、人生を変えるお手伝いがしたい」と以前から願っていました。すると、なぜか「本を書く」という課題がやってきたのです（くわしい経緯は、拙著『龍神とつながる強運人生』でお話ししていますので、ご興味があればご一読ください）。

「私にそんなことができるの!?　自分には無理！」

と思いながらも、「やるしかない」と考え、精いっぱい取り組んだところ、この本も含めてこれまで6冊の本を出すことができました。

その結果、私が主催している「神旅」（神社や聖地を巡るツアー）に、おおぜいの方たちをお連れできるようになったのです。

また、地域おこしのお手伝いをするご縁も多数いただけるようにもなりました。

たとえ想定外であったとしても、課題をひとつずつこなしていけば経験値が上がり、望んでいたチャンスにつながっていきます。

その渦中ではわからなくても、あとで振り返れば、目の前にきたことを着実にこなしたからこそ、大きな変化につながったのだとわかる時が必ずきます。

課題にコツコツ取り組んでいけば、経験値は自然に上がります。すると、どんな課題がやってきても動じない自分になっていくでしょう。

「でもなあ」と思うあなたのために、Fさんの例をご紹介しましょう。

Fさんは、次のステージに進みたいと、仕事を辞めることを決めました。

しかし、まだ何をやりたいかが定まらなかったこともあり、お世話になった職場に迷惑をかけてはいけないと、一年半もかけて後任者を指導し、引き継ぎを完璧におこないました。

その間、プライベートで経験された出来事がきっかけで、今後やっていきたい活動が漠然と見えてきたのです。

職場で万全の体制を整えて退職したあと、Fさんは、自分の体験談をシェアしてお互いに助け合うコミュニティづくりを始めました。

すると、いくつもチャンスがきて、その活動がどんどん広がり、現在は大活躍しています。

やるべきことをきっちりやりながら、一年半かけて、自分自身を振り返り、考えたからこそ、自分をいかす道が見えてきたのでしょう。

タナボタを期待して何もしなければ、チャンスをいかせません。

やるべきことをやるという基本姿勢が、龍のもたらす運をいかす秘訣なのです。

チャンスをいかせるのは、素直な人

情報はいったん自分で吟味《ぎんみ》して実践に移しましょう

では、龍が積極的にチャンスをあげたい人はどんな人だと思いますか？

それは**「素直な人」**です。

先ほど、ノリのいい人はチャンスの波に乗りやすいとお伝えしましたが、ノリのいい人とは言い換えれば、素直な人です。素直な人は変化が早いので、龍もどんどん成長して欲しいと、さまざまなチャンスを送ってくれるのです。

しかし、「素直」と「鵜呑《うの》み」は違います。

ここは混同しないようにしてください。

素直な人も鵜呑みにする人も、誰かのアドバイスや本などで学んだことをすぐ実践する点では同じです。でも、決定的な違いがあります。

素直な人は、いきなり実践に入ろうとせず、受け取った情報をいったん自分の中に落とし込んで吟味します。鵜呑みにする人は、このプロセスを飛ばしてしまいます。

たとえば、素直な人は、次のように考えるのです。

「この方法は、自分のライフスタイル（性格・仕事内容・価値観）に合っているかな」

「この人の言っていることは、実行しやすいだろうか」

「何だかピンとこないから、いまは保留にしておこう」

実行前にワンクッションあるのですから、素直とは言えないのでは？　と思うかもしれません。

でも龍からすれば、この姿勢はとても素直で、好ましく映ります。

変化したいとひたむきに考え、自分の感性で情報をきちんと吟味して実行しようとしているからです。

一方、何でも鵜呑みにする人は、新たな情報に接すると、得た情報をまるごと受け入れて、そのまま行動に移します。

「有名な人が言っているから」「みんながやっているから」「自分の言って欲しいことを言ってくれたから」という理由で、自分自身で考えようとしないのです。

それでは、自分の状況や願いとの間にズレが出てしまいます。

たとえば、起業したいと考えている人がセミナーに行き、「これからは個人が輝く時代です。どんどん起業しましょう！」と言われたとします。

これを鵜呑みにしてしまうと、準備も整っていないのに会社を辞めて、あとから後悔することになりかねません。

素直に受け取る人は、そこで、自分の状況と照らし合わせます。

すると、「下調べが不足している」「自分のスキルを磨く必要がある」など、いまやるべきことが見えてくるので、そこから実行していきます。

なぜ、鵜呑みにしてはいけないのか。

それは、**龍のくれるチャンス（情報・縁）は「玉石混交」だから**です。

「え、そうなの⁉」と驚くかもしれませんが、本来、龍は「石」を人間につなげることはありません。ほとんどの場合は「玉」なので安心してください。

ただし、その中に「石」が混じるのは、私たちの経験値を高めるためです。

何事も自分で考え、実践し、検証するというプロセスがなければ、私たちの経験値は上がらず、判断力や洞察力が育ちません。

つまり、いつまでたっても「目利き」になれず、成長もできないのです。

たとえば、不動産の鑑定をするとしたら、大量の物件を実際に見ないと目利きになれません。

目利きにならなければ、大きな物件を扱うことはできないので、不動産業界で成功するには、ひたすら実践を繰り返すしかないのです。

つまり、**大きなチャンスを渡せる経験値を積んでもらうために、コーチである龍は、私たちに吟味する力をつけて欲しいと考え、涙を飲んで「玉」に「石」を混ぜるのです。**

「玉」を見極められるようになるには、自分で咀嚼《そしゃく》して判断し、ひたすら実践です。そうやって進んでいくと、おもしろい現象が起こります。

いったんは「石」だと思ったチャンスや情報も「玉」になる場合もあるのです。

「玉」を見極めるためにも、「石」が「玉」になるケースを見抜くためにも、自分で考えるというプロセスをぜひ大事にしていってください。

情報を吟味するとチャンスに恵まれる

ワンクッション置いて行動するクセをつけましょう

素直に受け取ることと、鵜呑みにすることの違いを、なんとなくわかっていただけたでしょうか。

さらに腑に落としていただくために、ひとつ質問です。

あなたは、テレビや雑誌で「○○が健康にいい」と知ったら、すぐにスーパーに走るタイプですか?

もしそうだとしたら、まず情報を吟味してから行動に移すようにしましょう。

その食材が必ずしも自分の体質に合うとは限りませんし、情報の正確さを検証するために、他の情報源にあたってリサーチすることも大切だからです。

といっても、疑心暗鬼になりすぎる必要はありません。

行動する前にワンクッション置いて、ちょっと考えてみる。そこから始めていけば大丈夫です。

これからあなたには、たくさんのチャンスや情報がやってきます。

それらを選択する簡単な方法と、基準をご紹介しましょう。

まず、いまの段階でやりたいこと(チャンスだと思うこと)や、取り入れたい情報をすべてノートに書き出します。

次に、経済的にも時間的にも、そして労力的にも、無理なくできることをピックアップしていきます。

その中で、やりやすいなと思うことからやっていってください。

つまり、**仮に失敗したとしても、大した損害にならない程度のことから始めればいいのです。**

というのも、私たちには、何かを変えたいと願えば願うほど、現状を無視して背伸びしてしまう傾向があるからです。

たとえば、自分の経済状態とは合わない高額セミナーにいきなり申し込んだり、下準備なく環境を変えたりして、極端な行動をとってしまいがちなのです。

さまざまな経験を積んで、目利きになっているならまだしも、自分の経験値が不足しているのに、いきなりハイリスクな「投資」は危険です。

だから、**やりやすいものからスタートし、確実に経験値を積んでいくほうが、結果的に失敗なく着実に進んでいけるのです。**

そのプロセスを通して経験値が高まり、目利きになれば、手間や時間をかけなくても、情報やチャンスの質を見極められるようになっていきます。

ただし、すぐに結果を出そうとあせらないでください。また、変化がすぐ見られないからといって、あきらめたりしないようにしましょう。

一週間、二週間続けてみて「楽しいな」「心が晴れたな」と思えたり、自分自身の変化が少しずつでも感じられたりすることを、そのつど吟味しながら続けていってください。

もちろん、この本の情報も例外ではありません。

すべて鵜呑みにするのではなく、今のあなたが「これをやってみたいな」と思うことをすべて書き出し、先ほどの基準に合わせて吟味していってください。

そうやって**あらゆる場面で吟味するクセがついていくと、自分自身で選びとる力がつき、大きなチャンスに恵まれやすくなっていくでしょう。**

自分の「当たり前」が一番の武器になる

周囲からのほめ言葉は、あなたの強みを表しています

龍からの運気に乗るために、ぜひ日頃から意識していただきたいのが、あなたの「強み」です。

龍と一緒に望む現実をつくっていく際には、自分自身の強みこそ一番の武器になります。その強みに磨きをかければかけるほど生きやすくなり、周囲に貢献していけます。

そこで質問です。あなたは、自分の「強み」が何か、正確に言えますか？　少し時間をとって考えてみてください。

「うーん」と考え込んでしまいませんでしたか？　あるいは「私には何の特技もないし、強みなんてないなあ」と思いませんでしたか？

人の強みはよくわかっても、自分の強みはなかなかわからないものです。

セミナーで、強み（長所）と弱み（短所）をリストアップしてもらうワークをおこなうと、弱みの欄はズラーッと書かれているのに、強みに関しては、2、3行書かれていればいいほうで、空欄の方もおおぜいいらっしゃいます。

この傾向には、原因があります。

ひとつめの原因は、ほとんどの人が、自分自身を厳しい評価基準で判断するクセをもっていることです。だから「私には自慢できる能力なんてない」と考え、「できないこと」ばかりに意識が向いてしまうのです。

もうひとつの原因は、自分の強みには気づきにくいものだからです。

強みとは、自分では「このくらい普通でしょ⁉」と思うのに、なぜか人からは賞賛されるようなことです。

だから、人から指摘されても、まったくピンとこない場合が多いのです。

たとえばあなたが、とても気配り上手だったとします。

自分では普通のことをしているだけなのに、「いつも細かなところまで気がついてすばらしいね」「あなたといると安心」などとほめられると、「なんで、こんな当たり前のことでほめられるの？」と不思議に思うはずです。

こんなふうに、**自分の「当たり前」こそが、あなたの強み**なのです。

さらに、3つめの原因があります。

なぜ、強みに気づけないのかというと、自分に対するデータが不足しているからです。

何事もデータ不足で判断しようとすると、間違ってしまいますね。

あなたはいままで、自分についての適正なデータがないまま、厳しい基準で大切な自分を判断していました。ですから、強みがわからなかったのも当然なのです。

また、よく「自己肯定感を高めよう」と言われますが、自分に対するデータが不足しているのに、自分自身を肯定できるわけはないのです。

では、自分の強みを知るためのデータとは何でしょう。

それは、他人からの「ほめ言葉」や「賞賛」です。

たぶん、あなたがふだん、なにげなくやっていることやアウトプットしていることに対して、こんな言葉が返ってくることがあるはずです。

「すごく参考になった」「○○が上手だね」「○○なところがすごいね」「もっと○○したらいいのに」「あなたが○○するのを楽しみにしてる」……。

このような、**あなたの気質や言動、仕事に対するほめ言葉はすべて、周囲に**

対してあなたが貢献できていることであり、強みです。

ほめ言葉は強みを客観的に表す言葉ですから、それを集めていけば、自分自身の強みが浮き彫りになっていくのです。

今日から、ほめられたことをすべてメモして、データがたまった時点で共通点を探していきましょう。

悲しいことに、人間は忘れてしまう動物です。いくらその時に、「あ、そうか！」と思っても、時間がたてばいつの間にか記憶が薄れてしまいます。ですから、誰かにほめられた時点でこまめに書き留めていきましょう。

メモ帳でも、スマホでもかまいません。

ポイントは、いつどこで誰に何をした時に言われたのかを書いておくこと。

1、2か月も経てば、ほめ言葉がストックされていきます。

それを見渡してみると、たとえば「私は、まわりを明るい雰囲気にできるのか」「常に全体を見渡して冷静沈着な判断ができるんだな」などと、自分の強みが明らかになってくるでしょう。

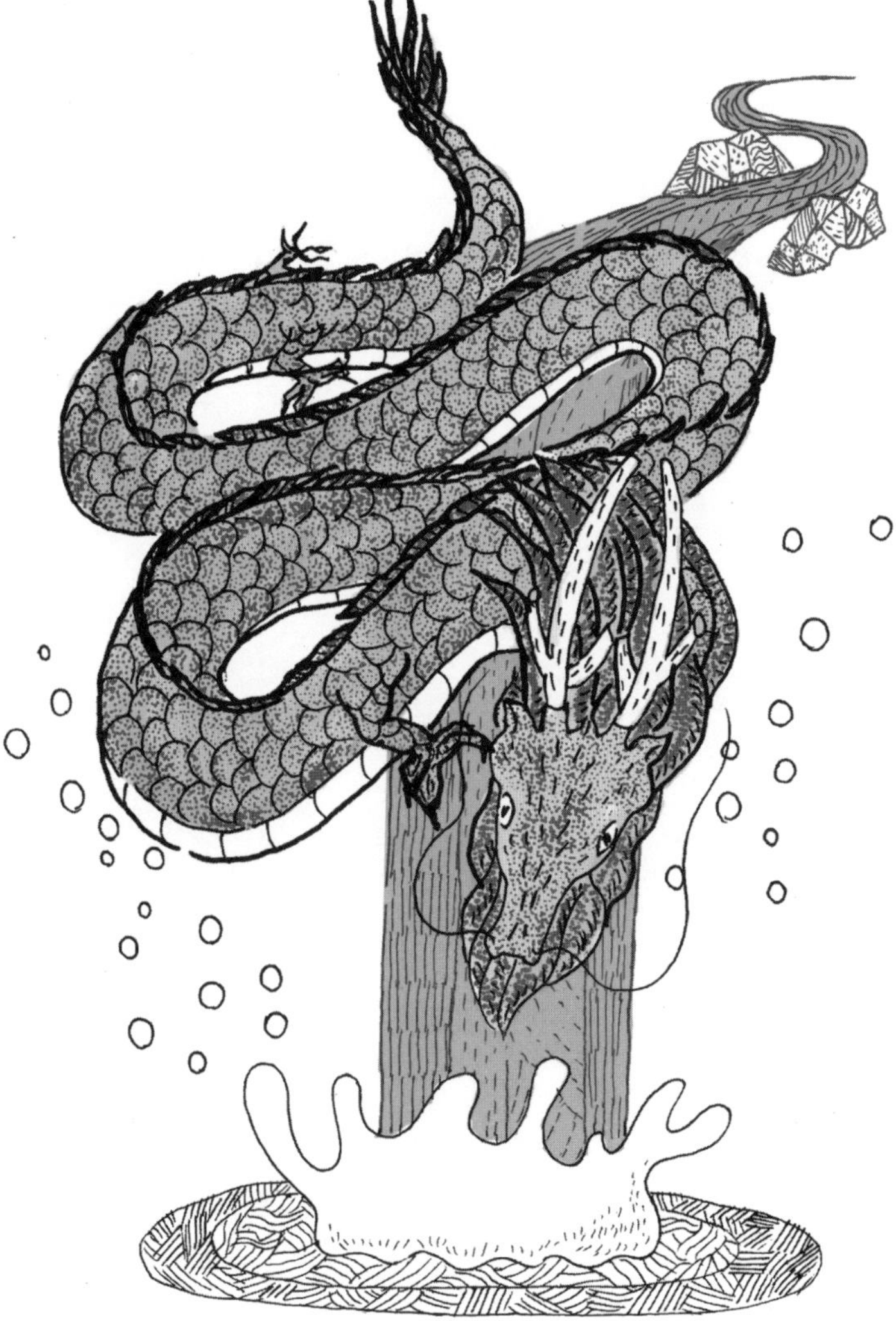

ほめられた時には、「ありがとう」

ほめ言葉をスルーしてはいけない理由があります

ほめ言葉は、強みを知るための大事な手がかりです。

誰かからほめられた時は、間違っても「私なんて」と、せっかくのほめ言葉をスルーしないようにしましょう。

日本人には、過度に謙遜《けんそん》したり、「あなたこそすごいじゃないですか」と切り返したりして、ほめ言葉を素直に受けとらないという気質があります。

龍と協働していくためにも、そういう態度はとらないと決めましょう。

そしてこれからは、ほめられたら「データをもらったのだ」と思い、素直に「ありがとう」と返しましょう。

しかし、長年のクセをとるのは、すぐにはできませんね。ですから、「ほめ言葉をスルーしない月間」を自分で決めるのもいいでしょう。

そうやって、ほめ言葉を集め始めると、もっと集めたくなっていきます。

さらに、ほめてくれた相手はもちろん、周囲にいる人たちのいいところも探すようになり、それまでは見えていなかった相手の長所や強みが、目にとまり始めます。

それを相手にフィードバックしていくと、コミュニケーションが円滑になり、人間関係がどんどんよくなっていきます。職場や家庭でぜひ試してみてください。

このようにして、自分の強みやよい面に焦点を当てていって欲しいというのは、龍たちの切なる願いです。龍は言います。

「人間は多面体なので、長所もあれば短所もあり、得意なこともあれば不得手なこともある。それを理解した上で、自分の強みに目を向けて欲しい」と。

強みとは、あなたがもっともいきいきと輝き、もっともスムーズに願いを叶えていくために発揮できる力です。周囲の人は、ほめ言葉という形をとって、わざわざ日本語で、あなたにその力を教えてくれているのです。

それを受け取らないのは、目の前にステーキが出ているのに、まったく見ておらず、お皿に付け合わせの野菜しかないと嘆いているようなものです。

でも、あなたのお皿のど真ん中には、ジュージューとおいしそうに焼けたステーキがあるのです。そう気づけば、あとは、そのステーキをさらにおいしくするために、どんなソースをかけるのかを考えればいいだけです。

自分自身の強みに気づけると、人生の見え方が変わってきます。

周囲に対して貢献できるのだとわかり、自信と意欲が湧いてきます。

それなのになぜスルーするのか、私たち日本人の気質をもう少し見ていきましょう。

私がクライアントの方とお話ししていて思うのは、自分の強みを受け入れると、謙虚さがなくなると思っていらっしゃる方が多いということです。

強みについてお伝えすると、かなりの割合で「私なんて、大したことやっていないですから」「普通のサラリーマンですし」などとおっしゃるのです。

でも、自分のよさを認めたからといって、すぐに傲慢《ごうまん》になったり、人を見下したりするようになるわけではありません。

そんな反応の背景には、ご自身の仕事や日々やっていることに、誇りをもっていらっしゃらないという理由があるように思います。

じつはそれが、龍はとてももどかしいのです。

社会的に意味のある事業をしていたり、売上が何百億もあるような会社を経営していたりしなければ、その人に価値がないわけではありません。

また、そのような人だけが、強みを発揮しているわけでもありません。

人間の強みや長所とは、人の注目を集めるような特別なことやクリエイティブなことだけではないと、龍は言います。

たとえば、毎日きちんと丁寧な仕事ができたり、家庭内を心地よく整えて家族のために食事をつくれたりすることも、その人の大きな強みです。

日々ルーティンな仕事をしっかりこなせる人にとっては、それが「当たり前」でしょう。しかし、どんなに努力してもなかなかできない人もいます。

ですから、毎日決まった仕事が確実にできる人に、その気質でなければできないようなオファーがきたりするのです。

あなたの「当たり前」は、必ず誰かの役に立ちます。そこをしっかり意識して、強みを磨いていってください。

自分の強みを磨き、日々発揮していこう

小さな変化を認めると、大きな結果が得られます

さあ、自分の強みがわかれば、準備万端！

あとは、その強みをいかしさえすれば、龍が運気を上げてくれる……。

たしかにそうなのですが、ひとつ忘れてはいけないポイントがあります。

それは、**毎日少しずつ継続して強みを磨き、発揮していくこと**です。

いくらすばらしい才能や強みがあっても、ただそれが「ある」というだけで使わなければ、何もないのと同じです。厳しいようですが、「本気さえ出せばいつでもできるし」と出し惜しみするのは、自分が何もしないことに対する言いわけにすぎません。

強みを磨いて日々発揮していける人と、「やればできる」といつまでも本気を出さない人との違いは何でしょう？

ひとつは、「ささいな変化を喜べるかどうか」です。**自分の小さな変化や成長を見つけて、素直に喜べる人は、どんどんレベルアップしていきます。**

また、目指すレベルに達成するまでのプロセスを楽しめます。さらに、たとえ困難や苦労があったとしても、自分の目標に挑戦し、それを達成することに喜びを感じます。その土台には、自分への信頼があります。

逆に、小さな変化を「この程度か」と認められない人は、「やっても無駄だ」とすぐあきらめてしまいます。それでは、残念ながら「できない自分」を次第に強化していくだけになってしまいます。

時々、「ちゃんとやっているのに、何の変化もないんです」とおっしゃる方がいますが、その方の言う「変化」とは、たいてい「結果」のことを指しています。

じつはそういう方も、自分の状況をよく見てみると、毎日少しずつ着実に進化しているのです。でも「すぐ結果が欲しい」とあせっているので、日々の変化を認めることができないのです。

また、「努力なしに結果を出したい」と無意識で願っていて、「まだ願いが叶わない」とイライラするパターンもあります。

たとえば、あなたが「結婚したい」と思っているとします。

当然ながら、願った翌日に結婚できる可能性はほぼないので、「結婚する」

という大きな変化は、すぐには手に入らないでしょう。

でも、**小さな変化なら今日から自分で起こせます。**出不精で新しい出会いがなかったのなら、会社帰りに友達や同僚と出かける。これだけでも、立派な変化です。身近な人に「結婚を考えているので、いい人がいたら紹介してね」と意思表示するのもまた、変化です。

このように、現時点から結婚にいたるまでは、相手の方に出会うまでの過程も含めて、さまざまなプロセスがあります。

それなのに、すぐあきらめる傾向のある人は、そのプロセスを「変化」だと思うことができません。それですぐに、「やっぱりダメだ」と気落ちして、そこまできていたかもしれない出会いのチャンスを棒に振ってしまうのです。

龍は言います。

「変化は、ささやかなことでいい。大きく考えすぎないで欲しい」と。

小さな変化を「成長」や「進展」だと感じて素直に喜びましょう。そうすることで、目標に向かって継続していく力が育っていきます。

人間関係は、時間をかけて育む

龍がつないだ縁を育てるのは、自分自身の力です

人間関係を築く時も、小さな変化の積み重ねです。

どんな人とのご縁も、一朝一夕《いっちょういっせき》で築きあげることはできません。

パーティや異業種交流会で、あるいは誰かから紹介されて名刺交換したとしても、そのあとで何のアクションも起こさなければ、そのご縁は結ばれません。

新たな人と「出会うまで」は、龍の他力の範疇《はんちゅう》です。

しかし、「はじめまして」のあとに、ご縁を「育てていく」のは、私たち人間の努力、つまり自力です。

こちらから何のアプローチもしないのに、いきなり先方からラッキーな依頼がきたり、素晴らしいコラボレーションが生まれたりすることは、まずないと言っていいでしょう。人と人とが出会い、化学反応を起こして何らかの結果を生むには、それまでの布石がいるのです。

布石と言っても、戦略を練ったり、策を巡らせたりすることではありません。なにげないあいさつひとつ、お礼のメール一本が、お互いの信頼関係を育むための布石になっていきます。

ただし、自分にとってメリットのある人、自分のビジネスや生活に役立ちそうな人だけにアプローチすればいいと思っているのなら、それは勘違いです。**損得を抜きにして、あなたが自分と関わる人に、どれだけの陽気と笑顔をプレゼントしていけるのか。龍はそれを見ています。**

人間の陽気と笑顔は、龍に対しての贈り物になります。

人間同士がお互いに明るく笑ってコミュニケーションすれば、それを見ている龍もパワーをもらい、元気になれるのです。

といっても、無理にポジティブに振る舞ったり、つくり笑いをしたりして欲しいと言っているわけではありません。

陽気さとは、相手をよく見ていて、いいところや素敵だなと思うところを素直に伝えてあげたいと思うあたたかな気持ちのことです。また、相手と仲良くなりたいという思いです。

ですから、ふだんから気持ちよくあいさつしたり、感謝の思いや相手の長所を素直に伝えたりするだけでいいのです。

たとえば、マンションをいつも心地よく整備してくれている管理人さんに、笑顔であいさつする。コンビニの店員さんにきちんと御礼を言う。同僚や友だちの気配りにお礼を伝える。

そんな**身近なところでのちょっとした行動が、龍に陽気と笑顔をプレゼントすることになります。**それだけでなく、相手といい関係を築いていく布石にもなっていきます。

心の交流がそこに生まれれば、「この人に何かしてあげたい」「この人と何かやっていきたい」という思いがお互いに生まれます。その交流が両者の中で化学反応を起こし、のちのち大きな展開に化ける可能性もあるのです。

引っ込み思案でも、人見知りでも大丈夫です。

いきなり声をかけられないのであれば、相手を観察し「いいな」と思うところを見つけながら、ゆったりと構えて「伝えたい」という気持ちが醸成《じゅくせい》するのを待ちましょう。すると必ず「いま言おう」と思える時がきます。

それが、お互いの距離を縮めるベストタイミングです。

寝る前は、自分に「さん付け」で感謝を

一日の終わりは、自分をフラットな状態に戻しましょう

一日が終わって眠りにつく前、あなたはどんなことを考えますか？

「あぁ、今日もあの件に手をつけられなかった」「昼間に言われたあの一言、むかつくなあ」「明日も忙しくって大変だ」……。

こんなふうに、クヨクヨしたり嫌なことを思い出したりしてはいませんか？

睡眠中の私たちは、記憶を整理したり心身のエネルギーを整えたりして、翌日の自分のために準備をします。

そんな大事な時間の前ですから、就寝前は日中のざわついた心を静め、フラットな状態に戻しましょう。

まず布団に入ったら、龍をはじめとして、神様やご先祖様など、あなたをいつも守ってくれる存在、そして、現実世界での人間関係やつながりに「今日も一日無事終えられました。明日もよろしくお願いします」と感謝を送りましょう。

そのあとで、やっていただきたいことがあります。**「○○さん、おつかれさま！　今日も一日がんばったね。ありがとう」と、自分の名前に「さん」をつ**

けて呼びかけ、ねぎらって欲しいのです。

ふだんの私たちは、自分に対する感謝があまりにも少なすぎます。

ですから、あえて「さん付け」にして自分と距離を置き、他人に御礼を言うように感謝するのです。

いま、心の中でいいので「さん」をつけて自分に呼びかけてみてください。ちょっと他人のように思えませんか?

この距離感でものを考えられると、自分自身を客観視できるようになり、「私なんて」と謙遜しすぎていることに気づけます。

実際、ただ普通に朝起きるだけ、日常生活を過ごすだけでも、私たちは十分がんばっているのです。

どうしてもそう思えないのなら、日中も折に触れて、「○○さん、がんばったね」と何回も自分に呼びかけ、いたわってあげましょう。

「○○さんは、けっこうがんばってるよ」「○○さんにしては上出来だよ」と声をかけていると、仕事が終わらなかったり、結果が思わしくなかったりしても、自分に対して寛容になれます。不思議なことに、まわりの人に対する余裕も出てきて、イライラしにくくなっていきます。

ただし、そうやって自分に声かけするのは、自分自身を元気づけるためではありません。「事実」として、日々がんばっている自分をきちんと認め、ニュートラルな状態に戻すことが目的だということを意識していてください。

ちなみに、「眠る前は、どうしても反省ばかりしてしまうんです」という声を聞きますが、夜は陰のエネルギーが強くなるので、反省するには不向きだと覚えておきましょう。

自分自身を振り返り、改善点を見つめ直すこと自体はいいのですが、夜にそれをおこなうと、必要以上に自己卑下したり罪悪感をもったりして、ネガティブな方向に考えがちになってしまうのです。

もし、**振り返りをしたいのであれば、日中のカフェがおすすめ**です。

人の活気にあふれたカフェは陽のエネルギーですから、ネガティブになりすぎず、フラットな目線で自分を見つめ直すことができますよ。

CHAPTER 5

「龍神思考」を身につける9の方法

龍たちが教えてくれた
ピンチをチャンスに変える考え方

運気の波を乗りこなす「龍神思考」

ネガティブな思考があっても問題ありません

いよいよ、仕上げの段階に入りました。

CHAPTER5では、龍と新しい関係を築き、運気の波を乗りこなしていくための思考**「龍神思考」**についてお伝えします。

龍神思考とは、龍と協働していくための思考法です。

しかし、決してむずかしいものではありません。生まれもった強みを最大限に発揮し、日々いきいきと過ごしていくための基本的な考え方です。

その逆を「穴掘り思考」と言います。

これは、自分と他人を比較して落ち込んだり、自分自身を責めたりしながら、同時に、「もっとがんばらなきゃ」「自信をもとう」と懸命に努力している人の思考パターンです。

自分で掘った穴を、また埋めようとしているのですから、いつまでたっても努力が報われません。これではつらいですね。

でもほとんどの人が、多かれ少なかれこの穴掘り思考をもっています。

龍神思考を使いこなし、強みを発揮して龍と協働していくために、まずは穴掘り思考から抜け出しましょう。

その大切なポイントを、3つお教えします。

1番めのポイントは、**人間には、ポジティブな面もネガティブな面も「標準装備」されていると知ること**です。

もちろん龍も、そのことを知っています。私たちがどんなにネガティブでも、応援してくれるので安心してください。

日本人は、ホルモンバランスの関係でネガティブ思考が多いという研究結果もあります。

体質的にも気質的にも、常に陽気でにぎやかなラテン系の人たちとは違うのですから、無理にポジティブにならなくてもいいのです。

それよりも「そんな面があって当然」と認めてしまいましょう。

すると、ネガティブ思考をなくそうとして、無駄なエネルギーをかけずにすみます。

ネガティブ思考はよくないと誤解している方が多いのですが、じつは、そうとも限りません。**ネガティブ思考には、メリットがたくさんあります。**

たとえば、不安や怖れがあるからこそ事前に準備ができ、リスクヘッジができます。心配性の人は、言い換えれば危機管理能力の高い人。そして、目的を達成するための手段を的確に選び、用意周到に進んでいける人なのです。

また、相手の気持ちや態度をいつも気にしているからこそ、対人関係で適切な距離が保て、トラブルを防げます。

何よりも、ネガティブな面がなければ人は成長できません。

スーパーポジティブで肯定感しかない人や、ネガティブなことがあっても自省せず、すぐいいほうに考える人は、自分の変えるべき部分にいつまでも気づけず進歩もありません。

つまり、**ネガティブな面があること自体はまったく問題ではなく、「どう扱うか」を考えればいいだけ**なのです。

これは穴掘り思考から脱却するための基礎となるポイントです。ぜひ覚えておいてください。

穴掘り思考が出たら「意識の切り替え」を

前向きな発想に変わると、龍が応援にやってきます

人間は、ネガティブな面があるのは当然だから、イライラしたり落ち込んだりしても大丈夫！

とはいっても、生きていれば失敗したり、物事がうまくいかなかったりして立ち直れないこともありますね。もちろん、私にもあります。

そこで大切になってくるのが、**「意識の切り換え」**です。

これが、穴掘り思考をやめるための2番目のポイントになります。

重要なポイントなので、ぜひしっかり自分のものにしてください。

というのも、頭では切り換えが大事だと理解していても、時には、心が動揺して感情的になってしまうのが人間だからです。

そんな場合は、**ネガティブな感情を抑え込まず、感じきってください。**

否定的な感情自体は、人間の標準装備ですから出てきて、当たり前です。

ただし、その後いつまでも感情を引きずって、「だから私はダメなんだ……」と考えてしまう思考パターンはNGです。

くわしく見ていきましょう。たとえば、大きなミスをしたり、今後改善するべき部分を見せつけられる出来事があったとします。

そんな時、「あぁ、やってしまった！」とガックリして自己卑下したり、「ここが全然できてない！」と罪悪感から自分を責めたりしてしまう。

これは、仕方ありません。中途半端な状態で無理に立ち直ろうとせず、じっくり現実と向き合うほうが得策です。

思いきり涙したり、誰かに泣き言やグチをこぼしたりして感情を発散してもいいでしょう。

ただし、それだけで終わらせないでいただきたいのです。

事実は事実として受けとめ、次に、**「同じことを繰り返さないためには、どうすればいいか」と、改善策を探す方向に思考を切り換えてください。**

その際に、やってしまいがちな間違いがあるので気をつけてください。

それは、「穴」を埋めるために、新しいスキルやテクニックを学ぼうとすることです。

残念ながらそれが解決策になることは、まずないと言っていいでしょう。

なぜなら、「ダメな自分を変えよう」という発想が出発点になっているからです。自己否定したままで何かを学んでも、変われるはずはありません。

「ダメな自分」や「ネガティブな自分」を変えなければならないと思うのは、龍神思考ではありません。

では、どのように考えればいいのか。

繰り返しになりますが、まず、**ダメな自分がいるのを認めること。**

その上で、**ここからが成長だと意識を未来に向けること**です。

「どうせこんな性格だから」とすねたり、「ポジティブじゃないから仕方ない」と開き直ったりしていると、さすがの龍も手助けのしようがありません。

しかし、ほんの少しでも前向きな発想に変わると、龍が応援にやってきます。

このCHAPTERでしっかり龍神思考を身につけ、「ネガティブでもOK」「ミスしてもリカバーできる」「いたらない部分は、成長できる〝のびしろ〟だ」と思える自分になりましょう。

感情に振り回されないための方法

「双龍ワーク」で感情と思考をスッキリ切り離しましょう

感情は「心」、思考は「脳」が管轄《かんかつ》しています。ですから、両者はまったく別物です。このことを「知識」として知っておくようにと、龍は言います。

ところが、私たちはふだん、思考と感情を切り分けて考える習慣がありません。

ですから感情が動いたら、思考も自動的に連動して、必要以上に落ち込んだり舞い上がったりしてしまうのです。

たとえば、仕事で大きなオファーがきて、「やった、うれしい。もうかるかも！」と感情がポジティブに振れたとします。

本来であれば、思考はその感情とは別物なので、「いや、うまい話には裏があるかもしれない」「浮き足立たないで、まずリサーチしよう」と考えます。

しかし、思考と感情を混同していると、冷静な判断ができません。感情につられて、見極めるべきチェックポイントを見逃してしまいます。

逆に大事な場面で失敗したら、当然、感情はネガティブに振れて落ち込みます。

ネガティブな感情は一瞬で強いエネルギーを発するので、電気のブレーカーが落ちる時のように、思考にも大きな影響を与えます。でもこの時、思考と感情は別物だと切り離して考えられたら「この事実を分析して次にいかそう」と前向きになれます。

このように、**願いを叶えるためには思考の力を使いこなす必要がある**のです。感情に思考を振りまわされないためにも、両者はまったく別のものだと、常に認識しておきましょう。

ここで、「双龍《そうりゅう》」の力を借りて、両者を切り分けて捉えられるようになるワークをご紹介しましょう。

双龍はペアで働き、ふたつのもののバランスを整える役割を担う龍です。思考と感情のバランスも、状況に応じて調整してくれます。

この双龍のエネルギーを使って思考と感情をしっかり切り離せば、出来事に左右されず、地に足をつけて進んでいけるでしょう。

手順は次の通りです。

①うれしいことがあって舞い上がった時や、悲しいことやつらいことがあって落ち込んだ時など、ポジティブ、ネガティブどちらかの感情がワッと湧き上がった時は、まず「感情と思考は別物」ということを思い出します。

②紅い龍（紅龍）と青い龍（青龍）の二体の龍がどこからともなく飛んできてつなぎ合わさり、「∞（無限大）」の形をつくるのをイメージします。

ここでは、**紅龍は感情、青龍は思考を表しています。**両者は切り離すことはできませんが、ひとつになることはありません。この画像をイメージすると、思考と感情が別物だと深いレベルで認識できます。「思考と感情は別物だ」と十分意識できたら、ワークは終了です。

紅龍と青龍が、無限大の形でつながる図をビジュアル化する。

たったそれだけの簡単なワークですが、双龍の力が働いて、感情に引きずられず客観的で前向きな思考を取り戻せるでしょう。

このワークは、思考と感情を整えられる強力なエネルギーワークです。折に触れて何度もおこなうと、感情に振りまわされないタフさが培《つちか》われます。

苦手分野を克服しなくてもいい

自分を責めるのは、エネルギーロスになります

これまでお話ししてきたように、「成長しよう」「変わろう」という気持ちがあれば、龍はいつでもチャンスを送り込んでくれます。

といっても、誤解しないでください。ネガティブな自分を変えようとするのが、「変化」や「成長」ではありません。

ネガティブな部分やダメな部分を認めた上で気持ちを切り換え、得意なことを伸ばしていこうと考えるのが、龍神の望む「変化」であり「成長」です。

誰にでも、得手不得手はあります。

自分の苦手な部分を克服しようとがんばるより、得意な分野を磨いたほうが、何倍も、世のため人のためになるのです。

苦手分野についてはクヨクヨ悩まず、得意分野をいかす。

これが、穴掘り思考から抜け出すための3つめのポイントです。

実際に、こういう人がいます。

ある時、Oさんは事務処理能力がまったくないにもかかわらず、「人手が足りないから」と、ふだんはやらない苦手なコピー取りやホチキス綴《と》じをして、セミナー資料を作成しました。

間違えないように十分気をつけて作業したのですが、確認してみるとページ数が足りない資料や、逆に、同じページが何枚も綴じられている資料が続出。

結局、コピーをとることからやり直すことになりました。

実はこれ、私自身のことです。

気を取り直して、その後も何度か資料作成にチャレンジしてみたのですが、いつも同じ状況の繰り返し。さすがに落ち込みました……。

こんな時、間違った資料を作成して周囲に迷惑をかけたという事実を、自己批判の材料にして、

「こんなこともできない私はダメだ」

「なんで私はいつもこうなんだろう」

と自分を責めるのが、穴掘り思考です。

それでは、いつまでたっても問題解決にはなりません。

「私なんて」と自分を責めるのは、大きなエネルギーロスです。

「自分のエネルギーをみずから削り取って生きているようなものだ」と、龍は言います。

そこで必要なのが、先ほどお話しした「意識の切り替え」です。

苦手分野を克服しようとしたり自己卑下したりする前に、自分に「できること」と「できないこと」を見極めて、「できないこと」は「できる人」にやってもらうよう手配すればいいのです。

どうしても苦手なことがあるという状況を変えるための、ベストな方法は何かというと、**「他力を使うこと」**です。

あなたにも、何か苦手意識をもっていることがあるのではないでしょうか。

たとえば、

「時間管理が苦手」

「お金の計算ができない」

「片づけが嫌い」

「人づきあいが下手」など……。

それをどうにかして改善することにエネルギーを使うより、強みを伸ばすほうが、何倍も簡単です。

そして、自分自身が満足しながら、世のため人のために注力していける環境が整います。

苦手なことは、人（プロ）に頼んだり、不得手でもできるように目標のハードルを下げたりして工夫すればいいのです。

これまで、学校教育や家庭のしつけの中で、「すべてのことを、そつなくできるようにならなければならない」と、私たちは教えられてきました。

ですから、あなたも無意識のうちに、パーフェクトな自分でなければならないと思い込んでいるかもしれません。

しかし、**完璧な人はこの世には存在しません。完璧であることを目指さなくてもいい**のです。

自分の「影響力」に気づく方法

あなたは、人にも自然にも大きな影響を与えられます

穴掘り思考と並んで、私たちの成長を妨げてしまう思考パターンは、まだまだあります。

そのひとつが「自分にはたいした影響力がない」と考えてしまうことです。

あなたも、つい「私なんて何の発信力もないし」「別に影響力のあるポストに就《つ》いているわけでもないし」と考えたりしていませんか？

一般的にも、「あの人は大きな影響力をもっている」「世の中に強い影響を与えられる」などという表現があるように、影響力は大きいほうがよいと思われがちです。

しかし龍は、「影響力に大小はない」と言います。

誰がどんな影響を何に対して与えても、すべて等しいというわけです。

それは、どういうことでしょう。

たとえば、あなたが目の前の相手に、何かしてあげたとします。

それが、ちょっとした言葉かけであっても、頼まれた仕事を心を込めてやることであっても、あるいは、その人が転ばないようにそっと手を添えることであったとしても、相手との間にはあたたかさや感謝が生まれます。

それは、巡り巡って、他の人にも伝わります。つまり、**あなたがやったことはすべて「影響力を与えたこと」になるのです。**

そしてその影響力は、有名人がメディアで発信する時と同じくらい、この世界にインパクトを与えられるのです。

といっても、相手にいいことを言おうと気負ったり、無理して気に入られたりしようとしなくて大丈夫です。自然体でいきましょう。

あなたが日常で素直にできること。あなたから自然にあふれ出てくること。

それらのことを無理せずやっていけば、周囲に対していい影響を与えていけます。

私たちが影響を与えられるのは、人間だけではありません。

生きとし生けるものすべて、動物や草木に対して、あなたが働きかけたことはそのまま、世界に影響を与えていることになります。

たとえば、街路樹に「おはよう」とあいさつする。心を込めて庭の草花を世話する。身のまわりの動物たちを慈《いつく》しむ。それらはすべて、相手（自然）に対してすばらしい影響を与えているのです。

龍は、ふだんからこのことを意識して欲しいと言います。

なぜなら、目の前のたったひとり、道端の一輪の花、一本の木に対して、きちんと心を向けられなければ、もしあなたがおおぜいの人に影響を与えたいと願った時に、そうすることはできないからです。

「いや、思考やコミュニケーションのテクニック、インターネットなどのツールを使えば、大きな影響を与えられる」

というご意見もあります。

しかし、無理に思考を変えたり、広くプロモーション活動したりしても、「自分の身のまわりにいい影響を与えたい」と思えていなければ、うわべだけの情報発信にしかなりません。当然、人の心を動かすこともできません。

手始めに、まずは花や木に意識を向けることから始めてみましょう。すると、自分の影響力に気づけます。その力を大切に使っていってください。

天命を知らなくてもあせらない

「天龍」の視点になって、自分を見下ろしてみましょう

「天命を知るにはどうしたらいいですか」「私の使命は何でしょう」

こんなご質問を多くいただきます。世の中や人のために生きたいと願うひたむきな方ほど、このような疑問をもっていらっしゃるようです。

生まれてきた使命を果たしたいと願うのは、もちろんすばらしいことです。

しかし、そのためにあせったり、自己否定したりするのは本末転倒です。

使命に生きている人を見て「すごいな」と憧れるのは、人間であれば当然のことですが、そこから「それに比べて自分はダメだ」と思う必要はないのです。

もしあなたが「使命がわからない」と悩んでいるとしても、安心してください。「人生100年」と言われる時代、自分の使命ややりたいことが明確にわかっている期間のほうが、圧倒的に少ないのですから。

もちろん時には、子どもの頃から「世界的スポーツ選手になりたい」「多くの人を助ける医師になりたい」など、明確な目標をもっている人もいます。しかしそれは、まれなケースです。

0歳から過去を振り返ってみれば、部活や習いごと、受験、仕事での昇進など、その時々での目標はあったとしても、はっきりした目標がない期間のほうが、ずっと長かったのではないでしょうか。

ということは、**天命を知らなくてもあせる必要はまったくないし、「使命がわからない自分はダメだ」と自己卑下することもないのです。**

この知識を知るだけで、無駄な穴掘り思考をやめられるはずです。

それでも人間ですから、人と比べて「自分はダメだ」と落ち込むこともあるでしょう。

その時は、**「天龍の視点」**になることをおすすめします。

地球上にはさまざまな龍が存在しますが、その中でも、天高く舞う「天龍」になって自分自身を見下ろしてみるのです。

天龍は数多くいて、世界中の空を自由自在に舞っています。

まるでマグロが海を回遊するように、空を飛びながら、地上にいる私たちを見下ろして「いつチャンスをあげようか」と考えています。

その天龍の視点で自分を見てみるのです。

といっても、イメージするだけでいいので簡単です。

①あなたがいまいる場所から、天に向かって意識を移します

たとえば、自宅の椅子に座っているとしたら、自分が体から抜け出し、天井や屋根を突きぬけて空にのぼっていく様子を思い浮かべましょう。

②空高く登り、地上を見下ろすところまで行ったら、自宅の椅子にいる自分自身の姿を見てみます（天龍になった自分がどんな姿や大きさをしているかは、自由に想像してください）

天龍の視点から見たあなたは、どんなふうに映るでしょうか。

天龍は、日々がんばっているあなたを見守り、チャンスを送り込むタイミングをワクワクしながら待っています。

天龍にとっては、あなたがそこに存在していること自体、とても大切なことなので、あなたにどんな使命があるのかも、その使命にあなたが気づいているのかも、関係ありません。

また、もしあなたがいままでがんばってきたのに結果がまだ出せていなかっ

たとしても、まったく気にしていません。

天龍から見れば、いまが常に「ゼロ」の状態です。

もちろん、これまでの努力はきちんと見てくれています。

しかし、「誰だって過去に挫折したことや悩んできたことはあるし、これからだってあるから関係ないよ！」というのが天龍の視点です。

天空から見れば、過去や現在の細々とした状況はまったく問題ではなく、ただあなたがそこに存在するということだけが重要な事実なのです。

落ち込んでいる時は視点が低くなり、「ダメな自分」しか目に入らないものです。しかし、天龍になって天空から自分を見下ろせば、視界がグッと高くなり、しぼんでいた心が広がります。

詳細にイメージできなくてもＯＫです。「天龍になったつもり」でかまいません。「天龍ごっこ」をして遊ぶつもりで、気軽にやってみてください。

きっと天龍が、「チャンスをもうすぐ送るからね！」と楽しみにあなたを見ているることに気づけるでしょう。

3行メモで過剰な意味づけをやめる

自分を俯《ふ》瞰《かん》して、運気の流れを見通しましょう

穴掘り思考を手放し、龍神思考に変わるにつれて、たとえ感情が揺れたとしても、またニュートラルな状態にスッと戻れるしなやかさが生まれます。

起きた出来事に左右されず、目標に向かって着実に進めるようになります。

すると、自分の望むポジションに、自分でシフトしていけるようになっていくでしょう。

そのシフトがスムーズにいくように後押ししてくれるのが龍たちです。

ただし劇的な変化が訪れ、短期間でこれまでの自分が変われるかというと、そうではありません。

龍は、3年かかる変化を1年で、1年かかる変化を数か月で遂げられるようサポートすることはできます。

しかし、自然の摂理から見ても、何十年も続いてきた思考パターンや感情の反応が、数日や数週間で変わるのは現実的ではありません。

自分自身や人生を変えるのは、ダイエットと同じだと思ってください。

無理のある方法で急激に体重を落とすと、必ずリバウンドします。

しかし時間をかけて、食生活やライフスタイルを確実に変えながら痩《や》せれば、元の体重に戻ることはありません。習慣自体を変えられるからです。リバウンドなしで、確実に変化していくための秘策があります。

今日から**「3行メモ」**をつけてください。

スケジュール帳にメモしてもいいですし、スマホやパソコンのメモ機能でもかまいません。メモするのは、次のようなことです。

●龍からのサインやメッセージだと感じたこと（人からの言葉や本、音楽などを通して受け取った言葉。自然現象など）

●変化の兆《きざ》しやチャンスだと思ったこと

●感情が揺れたこと（ポジティブ、ネガティブ両方）

これらを一言でまとめれば、「これには、どんな意味があるのかなと思考が動いた時」に、メモしていただきたいのです。

自然現象や目についた言葉などを、写真で残すだけでもOKです。

メモには、「日付」と「状況（言われた相手やその時の様子、現象が起きた場所など）」と「内容（事実）」の3つの要素を書き留めましょう。

3行ですからくわしく書く必要はありません。また、意味づけも不要です。ただシンプルに、事実のみを淡々と書き綴っていってください。

この3行メモが変化を起こせるのは、こんな効能があるからです。

ひとつは、**変化の渦中で無駄な意味づけをして、あせったり浮かれたりするのを防ぎます。**

私たちには、起きた出来事を自分の価値観で勝手にジャッジして、一喜一憂するクセがあります。これまでお話しした通りで、すべて自分のせいだと思い込み、ちょっと嫌なことがあると「運が悪い」「龍に見放された」と嘆きがちなのです。

すると、心はいつもザワザワして疲れてしまい、夢を叶えるどころではありません。

ですから、いちいち判断せずメモしておくのです。

もうひとつの効能は、**長期視点を養えること**です。

メモは、3か月後にまとめて振り返ってください（早く振り返りたい場合は、1か月後でも大丈夫です）。

時間をおいて振り返れば、冷静な視点で分析することができます。そして、その期間の自分自身を俯瞰でき、同時に、未来を見通す視点も生まれます。一定期間を通して振り返ることで、それまで「点」でしかなかったものが、「流れ」として見えてくるのです。

ぜひ、今後も意識していただきたいのですが、**龍の後押しは、「点」ではなく「流れ」でやってきます。**

人間には、単発の出来事が日々起きているように見えても、それが、願いを叶えるための大きな流れになっているのです。

その流れが見えると、龍からの後押しがきちんときていることが実感できます。

つまり**3行メモを見返せば、ネガティブな出来事も含めて、龍がもたらす流れに乗っているとわかり、安心して、また前進していけるようになる**のです。

3行メモをつけると、思考の暴走がとまる

起きた出来事を淡々と書き留めていきましょう

3行メモをどのように活用すればいいのか。また、どのような効果があるのか。さらにくわしくお話ししていきましょう。

じつは、龍がつくってくれる運気の流れの中では、失敗やトラブルなど、一見ネガティブに思える出来事も起こります。

しかし、じつはそれが巡り巡って、チャンスや転機につながっている……。

3行メモをつけて見返していくと、このことが肌感覚でわかるようになります。

これまでの話と矛盾するようですが、3か月が過ぎて、メモを見返した時、流れがもし見えなかったとしても、問題ありません。

メモをとる最大の目的は、分析して流れを見つけることではないからです。

では、何が一番の目的かというと、**「日々の出来事に翻弄《ほんろう》されて右往左往する感情や、暴走する思考をとめること」**です。

成長していきたいと意欲的になればなるほど、私たちは、ある落とし穴にはまってしまいます。

自分自身だけでなく、目の前の人や起きた出来事、やってきたチャンスをすべてジャッジして、「これはいい」「あればダメだ」と決めつけるのです。

すると、ちょっとしたことで浮き足だったり、逆に、オロオロしたりすることになってしまいます。

たとえば、初対面の人に出会った際に、「この出会いは、自分にとってチャンスになるかも！」と期待し、そうでなければ落胆します。毎日ジャッジすることで忙しく、感情の起伏が激しくなるので、ほんとうであれば、注力すべきところにエネルギーをかけられません。

しかし、長い目で見れば、その人との出会いが別の出会いにつながり、大きなチャンスになるかもしれません。あるいは、その出会いが自分自身の成長になり、次のチャンスがくるベースが整うのかもしれません。

出会いがどのような実を結ぶのかは、数か月、あるいは数年経たなければわからないのに、多くの人は、その人との関係が吉か凶かを、すぐにジャッジしようとするのです。

そこで、3行メモの出番です。

3か月後に振り返れば、たとえはっきりとした流れが分析できなくても、日々のジャッジが減り、感情の揺れが少なくなったことを実感できるはずです。それだけではありません。自分自身の心のクセも発見できます。

「私って、意外にネガティブな（あるいは、ポジティブな）ことばかり書いてるな」

「偶然の出来事でも、すぐ意味があると思ってしまうのか」

「毎日、こんなにいろんなことを気にしていたら疲れるのも当たり前だわ」

など、メモを見返していると、新たな気づきが得られるでしょう。

そんな自分もジャッジせず、また淡々と日々の出来事を書いていきましょう。

最後になりましたが、**メモする際や振り返りをする際には、縁をつないでくれている龍に感謝を送るのを忘れないでください。**

彼らに「ありがとう！」と思いを向けると、龍は喜んで、さらなる運気を送り込んでくれるでしょう。

現実化までの「時差」を乗り切ろう

願いを叶える奥義は、「龍を信頼すること」です

事実を書き留めるという行為には、モヤモヤした気持ちを収めてくれる効果があります。

3行メモをつけていくと、日々心穏やかに過ごせるようになるでしょう。

そして、起きた出来事や置かれた環境に振りまわされることが大幅に減り、やるべきことに粛々《しゅくしゅく》と取り組んでいけるでしょう。

たとえば、上司があなたに理不尽な怒りをぶつけてきたとします。

それまでは、「なぜ私がこういう目に遭わなければならないんだろう」「ほんとうに嫌な上司だ。これも私のせい？」などと、思考が堂々巡りしたかもしれません。

しかしメモをつければ、その感情はいったん手放せます。

それを繰り返すうちに、上司が高圧的な態度をとってきたとしても、上手にスルーできるようになっていくはずです。

そうなるとストレスがグンと減り、心に余裕が生まれます。

そして、余裕のある人のところには、チャンスがやってきます。

なぜなら、そんな人は周囲から信頼されるからです。

あなたが仕事をまかせたいと思うのも、ちょっとしたことで一喜一憂している人よりも自分自身で心のバランスをとれる人ではないでしょうか。

自分で心をケアできるようになる。

つまり、**龍神思考を自分のものにして、実践できるようになる。**

実はこれこそが、3行メモの大きな効能です。

感情をみずからコントロールしていくのは、龍と協働して願いを叶えるための必須事項です。

なぜかといえば、願いが叶うまでには必ず「時差」があるからです。

もちろん、龍の采配で時間を短縮することはできます。

だからといって、龍に願いを届けたあと、現実がいきなり動き始めるわけではありません。

3日で現実がガラッと変わったり、1週間で自分が別人のように変化したりすることは、まずないと言っていいでしょう。

大きな願いであればあるほど、じっくりと腰を据えて取り組む必要がある理由は、先ほど書いた通りです。

ですから、まずは3か月間、メモをつけていただきたいのです。

そうやって感情をコントロールしていく中で、欠かせないものがあります。

それが**「龍を信頼すること」**。この本の最後に、あなたにお伝えしたいことです。

龍は、あなたを信頼しています。

願いが叶うまでには、時差があると心に留め、日々サインを受け取っていけば、その信頼がゆらぐことはありません。

この本でお伝えしたどの情報でもかまいません。

一日にたったひとつでいいので、あなたが「やってみたいな」「取り入れてみようかな」と思うものを毎日にいかしていってください。

そんなあなたを、龍はいつも見ています。

新しいあなたに変わるための後押しを届けるために。

おわりに

世の中には、さまざまな情報があふれている時代です。

自分にとって必要な情報とご縁をつなぎ、その情報を使って望む未来をつくっていく時代がこれからやってきます。

そんな時代に、龍は、彼らしか扱えないエネルギーを後押しとして私たちに送り、私たちが未来をつくるためのサポートをしてくれます。

ただし、誰彼かまわず、どんな願いでもサポートをしてくれるわけではありません。

あなた自身が、心の底から「こんな未来にしたい」「こういう人と出会いたい」「こんな自分に変わりたい」と願った時にはじめて、龍からの後押しは発動するのです。

多くのクライアントの方々や自分自身の体験から、私も龍の言っていることは、とても腑に落ちます。

しかし、「変わりたい」と望んでいても、心のどこかで「どうせダメだ」「自分には無理」と思っていたら、あるいは、チャンスがきた時に「今はまだ早い」と尻込みしていたら、後押しはやってきません。

龍は、その「本気になりきれていない心のかけら」に気づき、優しい気持ちから、サポートしようと伸ばしかけていたその手を出すのをやめてしまいます。

逆に、自信がなくても、また、具体的なやり方がわからなくても、やってきたご縁を大切にして「絶対に叶えるんだ」とがむしゃらに行動し、失敗しながらでも進んでいく人は、最終的には変わりたいと思った自分に変われています。龍の後押しがそこにあるのは言うまでもありません。

時代が変わるということは、これまでと同じことをしていたら、時代の流れから取り残されるということです。

新しい時代の始まりだからこそ、あなたの心からの願いを叶えるために、一歩踏み出す勇気が欲しい時です。龍は、その勇気を応援します。

最後になりましたが、廣済堂出版の伊藤岳人さん、ライターの江藤ちふみさんはじめ、この本に関わって下さったすべての方に心から御礼申し上げます。皆様のおかげさまで、過去の私が未来に対して願った形として、この本ができました。

ひとりでも多くの方が、龍の後押しを得て、望む未来へと進んでいけますことを願っています。

大杉日香理

大杉日香理（おおすぎ・ひかり）

10万部超えのヒットとなった『「龍使い」になれる本』（サンマーク出版）の著者であり、「龍使い」の第一人者として神道系スピリチュアルブームを起こした累計発行部数23万部を超えるベストセラー作家。龍神や妖精など見えない世界の存在や、他人の思考が見えてしまうという優れた感覚を持つ。この能力を封印して30年過ごすも、父親の他界で忘れていた幼少期の体験がフラッシュバックし、能力が活性化する。その後、歴史、地政学、神話、ビジネス、栄養学などを基盤とした、現実をより良くするためのスピリチュアルを体系化し、株式会社アテアを設立する。事業開始10年間で参拝した神社は、延べ10,000社。その体験をいかしたアクティブラーニングである「神旅®」は毎回満席、リピート率90％以上と驚異的。現在は、個人の開運神社をリーディングしてお渡しする通信ファイル「産土神リーディング®」や経営者向けの運気コンサルティングや、龍使いとしての龍神のことを学ぶセミナーも全国各地で人気を博している。また、行政向けの講演活動、書籍の執筆活動、雑誌への寄稿など著述家としても精力的に活動している。近年、神社を入り口とした地方創生、地域活性化のプロジェクトにも力を入れている。

そのほかの著書に、『龍神とご縁を結ぶ「龍使い®」ノート』（宝島社）、『龍神の力をいただく「神旅®」のはじめ方』（KADOKAWA）、『龍のご加護でお金と幸運を引き寄せる７日間ワークブック』（マガジンハウス）、『龍神とつながる強運人生』（ダイヤモンド社）などがある。

公式サイト https://atea.jp/

メルマガ https://atea.jp/mailmagazine/

フェイスブック https://www.facebook.com/hikari.oosugi

インスタグラム https://www.instagram.com/hikari_osugi

龍がいるから大丈夫
龍神の後押しが発動する41の方法

2019年12月3日　第1版第1刷

著　者　　大杉日香理
発行者　　後藤高志
発行所　　株式会社廣済堂出版
〒101-0052　東京都千代田区神田小川町2-3-13 M&Cビル7F
電話03-6703-0964（編集）03-6703-0962（販売）
Fax 03-6703-0963（販売）
振替00180-0-164137
https://www.kosaido-pub.co.jp

印刷・製本　　株式会社廣済堂

イラスト　　北村ハルコ
ブックデザイン・本文DTP　　大悟法淳一、大山真葵（ごぼうデザイン事務所）
編集協力　　江藤ちふみ

ISBN978-4-331-52264-6 C0095